姜正成◎著

历史人物传奇系列

文豪故事

DAQING
WENHAO GUSHI

中国文史出版社
CHINA CULTURAL AND HISTORICAL PRESS

图书在版编目（CIP）数据

大清文豪故事 / 姜正成著 . -- 北京：中国文史出版社，
2020.2
ISBN 978-7-5205-1957-1

Ⅰ . ①大… Ⅱ . ①姜… Ⅲ . ①文人—生平事迹—中国
—清代 Ⅳ . ① K825.4

中国版本图书馆 CIP 数据核字（2020）第 011266 号

责任编辑：殷旭

出版发行：中国文史出版社

网　　址：www.wenshipress.com

社　　址：北京市海淀区西八里庄路 69 号　邮编：100142

电　　话：010-81136606　81136602（发行部）

传　　真：010-81136666

录　　排：智子文化

印　　装：廊坊市海涛印刷有限公司

经　　销：全国新华书店

印　　张：15.5　字数：198 千字

版　　次：2020 年 8 月北京第 1 版

印　　次：2020 年 8 月第 1 次印刷

定　　价：52.00

前 言

清代是一个由古代向近代转型的时期，中国经历了千年未有的大变局。因此，这一时期风云激荡，西学东渐，引起了思想文化的碰撞，产生了一大批杰出的文学家、思想家。

先说明末清初的三大思想家。黄宗羲、顾炎武、王夫之并称为明末清初三大儒。黄宗羲批判了在我国长达数千年的君主专制制度，主张废除专制主义的"一家之法"，恢复"天下之法"，在当时可谓惊世骇俗。顾炎武提出"国家兴亡，匹夫有责"，影响深远。王夫之著有《读通鉴论》《宋论》，是中国朴素唯物主义思想的集大成者。

清代杰出的小说家有蒲松龄、曹雪芹。

蒲松龄科举不顺，反反复复考了44年，也未中举，始终没能进入官场。这是他最大的遗憾，但正因如此，他不必受逢迎之累、案牍之劳，让思想自由地飞翔。他写着狐言，记着鬼话，"空老于林泉之下"，最终写成不朽的《聊斋志异》。多少帝王将相被人遗忘，他却活在世人心里。不幸耶？幸耶？

曹雪芹生在一个由盛转衰的大家族，生活困顿，深感世态炎凉，对封建社会有了更清醒、更深刻的认识。文章憎命达，正是在这种艰苦环境下，他才创作出杰出的小说《红楼梦》。为这部书，他"披阅十载，增删五次"，"字字看来皆是血，十年辛苦不寻常"。

还有一个人不能忘记。他生在王公贵胄之家，高贵的血液铸就了此生无上尊荣。他自诩是天上痴情种，不是人间富贵花。"人生若只如初见，何事秋风悲画扇。等闲变却故人心，却道故人心易变。"这个人就是纳兰性德。

随着电视剧《铁齿铜牙纪晓岚》等清宫戏在荧屏上的连续播出，纪晓岚一下子成了家喻户晓的人物。这位乾隆年间的大学士，没想到时隔200年后又"火"了一把，尤其是他与和珅的斗智斗勇，很出彩。电视剧中的纪晓岚显然被美化了不少，当然其中也不乏很多戏谑的成分。历史上的纪晓岚究竟是怎样的一个人呢？

在鸦片战争的前夕，有一个人写下了一组《己亥杂诗》。他就是龚自珍。面对暮气沉重、令人窒息的中国社会，龚自珍发出了"我劝天公重抖擞，不拘一格降人才"的呼声。"五四"以来新文学作家，如鲁迅、郁达夫等，也都是龚自珍的热爱者，鲁迅不就把中国社会比作"铁屋"吗？

鸦片战争以后，国门被打开，西方学术思想传入中国。中国产生了严复、梁启超这样的大文豪、大思想家。

严复翻译了亚当·斯密的《国富论》、赫胥黎的《天演论》，一时风靡全国，使"物竞天择，适者生存"成为流行语，就连胡适名字中的"适"字也是这一时代的产物。

梁启超是近代文学革命运动的理论倡导者。被公认为是中国历史上一位百科全书式的人物，而且是一位在退出政治舞台后仍能在学术研究上取得巨大成就的少有人物。现在我们常常挂在嘴边的"政治、经济、科技、组织、干部"等很多词汇，皆始于梁启超先生。

让我们通过这些大文豪、大学者，把握那个时代的脉络吧。

目 录

笔下鬼狐亦有情——蒲松龄

人生若只如初见——纳兰性德

十年辛苦不寻常——曹雪芹

目
录

著论求为百世师——梁启超

启蒙思想第一人

——黄宗羲

　　黄宗羲是明末清初重要的启蒙思想家。清兵入关后，出于对祖国和民族的责任感，黄宗羲隐在家乡即"毕力于著述"，总结历史经验教训，探讨经世学问，整理祖国文化遗产。这以后，他曾多次回绝了清政府的礼聘，终身不仕，表现了一个爱国志士的民族气节。黄宗羲在史学上的独特贡献，在于他编著了中国历史上第一部系统完善的学术思想史——《明儒学案》。

　　黄宗羲批判了在我国长达数千年的君主专制制度，主张废专制主义的"一家之法"，恢复"天下之法"，在当时可谓惊世骇俗。他的思想在维新变法和新文化运动时仍发挥了重要作用。

复社领袖，反清斗士

　　黄宗羲，字太冲，号梨洲，因曾建书屋"续钞堂"于余姚南雷里，后人尊称他为南雷先生。1610年出生于浙江余姚黄竹浦一个官僚地主家庭。父亲黄尊素进士出身，明朝天启年间御史，是著名的东林党人。他铁骨铮铮，刚正不阿，在同阉党的斗争中惨遭杀害，对黄宗羲的成长产生了重大影响。

　　黄宗羲幼年好学，不喜章句之学与八股文，对诸子百家、历史典籍却情有独钟。母亲为此焦虑不安，父亲却认为开卷有益，让他自由发展。13岁时，黄宗羲考中秀才，随即跟父亲进京，耳闻目睹东林党人所作所为，"尽知朝局清流浊流"，对阉党怀有强烈的仇恨。杨涟、左光斗冤狱发生，黄尊素为此弹劾阉党首领魏忠贤，被削籍南归。1626年3月，黄尊素和东林领袖高攀龙等七人先后被特务锦衣校尉逮捕，临别嘱黄宗羲师从同乡学者刘宗周。黄宗羲回到故乡，发奋读书，两年时间，把家中二十一史等书籍全部精读一遍，学业上大有长进。

　　1627年，黄尊素在京遇难。第二年，祖父病死家中。黄宗羲遂决计北上京城替父报仇。他写好申冤文稿，随身藏有一把锋利的铁锥，只身赶赴北京。这时，崇祯皇帝已经即位，魏忠贤伏诛，阉党凶焰暂时收敛。黄宗羲大胆上书，为父鸣冤，先后在公庭上和狱门口，用铁锥击伤阉党许显纯、李实，拔下崔应元的胡须，与天启年间死难忠臣的后裔在诏狱中门设祭，哭声响彻宫廷。黄宗羲因此名闻天下，已然成为东林子弟领袖。

从京师回到家乡，黄宗羲遵从父亲遗嘱，去刘宗周创办的绍兴证人书院读书。在刘宗周的指导下，黄宗羲折节历学，遍读十三经、二十一史、明十三朝实录及诸子百家，这使他在天文历史、地理、律历、象数、算学、佛教、道学等方面都有极深的造诣，为他成为一代硕儒奠定了深厚的学术基础。

20岁时，黄宗羲在南京参加复社。复社前身是知识分子为准备科举考试以文会友的文社，1629年由太仓人张溥、张采集合江北匡社、中州端社、松江几社、莱阳邑社、浙东超社、浙西应社而建立。建社之初，即以"重气节，轻生死，严操守，辨是非"为宗旨。黄宗羲加入这个社团不久，被公推为主要负责人之一。与此同时，阉党余孽阮大铖在崇祯皇帝的纵容下，死灰复燃，在南京成立"中江社"和"群众"两个社团组织。黄宗羲与东林后裔、复社名士140多人，联合发出《南都防乱公揭》，揭露阮大铖的阴谋活动，迫使阮大铖暂时收敛劣行。

1644年，李自成攻入北京，崇祯皇帝吊死煤山，福王朱由崧在南京建立弘光政权。阮大铖、马士英等阉党借拥戴之功再次得势。阮大铖上疏说："东林老奸如蝗虫般遮住明日，复社小丑像蛹虫般在田间乱窜。蝗虫是现实之灾，蛹虫是将来之祸，应该立即一网打尽。"于是编写《蝗蛹录》，列黑名单，谋兴大狱。黄宗羲因此在南京被捕，后因延期提审，清兵又攻下南京，他才侥幸脱险返回浙江。

清兵入关后，刘宗周避居山间，严词拒绝清政府的劝降，绝食13天壮烈殉国。恩师的崇高民族气节给黄宗羲以莫大的鞭策，他毅然变卖全部家产，与两个弟弟在浙江余姚黄竹浦组成几百人的抗清义军"黄氏世忠营"，从此开始了长达八年的抗清武装斗争。在这八年中，黄宗羲在南明

启蒙思想第一人
——黄宗羲

小朝廷先后任兵部职方司主事、监察御史、左副都御史等职，筹谋策划，呼号奔走，其艰难困苦诚如其自述所说："自北兵南下，悬书购余者二，名捕者一，守围城者一，以谋反告讦者二三，绝气沙埤者一昼夜，其他连染逻哨之所及，无岁无之，可谓濒于十死者矣。"然而由于南明诸政权腐败无能，无所作为，抗清斗争终告失败。

潜心著述，终身不仕

出于对祖国和民族的责任感，黄宗羲隐居家乡即"毕力于著述"，总结历史经验教训，探讨经世学问，整理祖国文化遗产。这以后，他曾多次回绝了清政府的礼聘，终身不仕，表现了一个爱国志士的民族气节。为悉心著述讲学，黄宗羲对所有庆吊吉凶礼节尽皆废除，就连两个女儿也拒之门外。他学识渊博，著述宏富，据余姚梨洲文献馆统计，计其著作约为72种，1300多卷，内容涉及史学、政治、哲学、经学、数学、地理、天文、历法、音乐、诗文等各个方面。

黄宗羲在史学上的独特贡献，在于他编著了中国历史上第一部系统完善的学术思想史——《明儒学案》。这部著作对明朝近300年间各个学派学术思想的发展经过，每个学派的时代背景、代表人物、学术宗旨，都作了介绍和评论。在编写《明儒学案》的基础上，他接着撰写《宋元学案》，但未能完成。后经黄宗羲幼子黄百家及史学家全祖望等人继续修订、整理，成书100卷。《明儒学案》和《宋元学案》均被收入《四库全书》，成为后人研究宋元明思想史和学术史的必读之书。黄宗羲写这两部著作不仅为后代留下宝贵的思想资料，而且开创了尊重事实、注重实用、反对空疏、强调实践（践履）的良好学风。

黄宗羲的哲学思想，大都见于《宋元学案》和《明儒学案》，主要有两个方面。一方面，在理气问题上，宣扬"理在气中"的唯物主义观点，批判了宋儒程朱学派的客观唯心主义；另一方面，他又接受王阳明"心外无理"的主观唯心主义，宣扬"一切皆心"，认为世界是气的世界，又是心的世界，心才是最高实体，坚决反对"理在心外"的唯物主义观点。从这里可以看出，他的哲学思想摇摆于唯物主义与唯心主义之间。在中国哲学发展史上，他的思想是主观唯心论向后来的唯物论过渡的重要环节。

民主思想，振聋发聩

对于封建君主专制的批判，是黄宗羲学说的核心部分，《明夷待访录》就是代表他的社会政治思想的一部力作。"明夷"是《易经》中的一个卦名，离下坤上，象征着希望。卦辞为"夷之初旦，明而未融"，黄宗羲借用"明夷"表明对现实的认识，从周敬王甲子年到现在，都在一乱之运，是黎明前的黑暗时期，而"大壮"的太平盛世就像黎明曙光已经从黑暗中隐隐薄出。"待访录"是借用箕子受到周武王见访的典故，表示对"大壮"时代到来的信心与热切期待，并暗示他的学说必将有用世之时，作此书是为了等待着人们的访问。

《明夷待访录》全书共21篇，重点在《原君》《原臣》《原法》《置相》《学校》等篇。在这些文章中，黄宗羲突破了纲常名教的束缚，提出

启蒙思想第一人
——黄宗羲

"天下之治乱，不在一姓之兴亡，而在万民之忧乐"；专制君主"荼毒天下之肝脑，敲剥天下之骨髓，离散天下之子女，以奉我一人之淫乐"，"然则为天下之大害者君而已矣"！他说，在上古时代，君主的最初确立，是由于天下兴"公利"、除"公害"的需要，有人"不以一己之利为利，而使天下受其利；不以一己之害为害，而使天下释其害"，于是被人们推戴为君主。君主与万民的关系是"以天下为主，君为客"，君主所做的一切都是为了有利于天下人民。随着封建专制主义的发展，这种关系颠倒为"以君为主，天下为客"，君主"以为天下利害之权皆出于我，我以天下之利尽归于己，以天下之害尽归于人"。这样，君主实际上就成为天下人民的大害。"向使无君，人各得自私也，人各得其利也"，因此，人们怨恨君主是应该的，把君主看成寇仇，称为独夫，也是应该的！"岂天地之大，于兆（一万亿）人百姓之中，独私其一人一姓乎？"

黄宗羲对封建君主专制的否定是大胆的。梁启超曾就此评论说："此等论调，由今观之，固甚普通、甚肤浅；然而在二百六七十年前，则真极大胆之创论也。"的确，在封建君主专制根深蒂固的时代，这种言论如千钧霹雳，猛烈地冲击了黯然窒息的思想界，成为中国民主思想的先声。

在批判君主专制的基础上，黄宗羲提出了自己的社会改革方案。他主张实行虚君制，扩大宰相职权，设立政事堂，下设吏房、枢机房、兵房、户房、刑礼房。政事堂及五房任用新科进士及待诏者作为办事人员。宰相由德才兼备的人担任，职务不能世袭，他可以以平等的地位与君主讨论国家大事，可以规劝和批评天子的过失。宰相权力大于君主，凡经宰相批准的决定，可以直接下达执行。

黄宗羲还提出以学校为议政机关的设想，认为学校不仅是为了培养人才，而且应该成为独立的舆论机关。根据这一设想，最高学府中的长官祭酒"其重与宰相等，或宰相退而处之"，祭酒可以当面直指朝政得失，"政有缺失，祭酒直言不讳"。这样，学校就在政治上具有判定是非的最高权力，"天子之所是未必是，天子之所非未必非，天子亦遂不敢自为非是，而公其是非于学校"。各地方郡县学官，也应请著名学者担任，他们对地方官同样有批评监督之权。每月初一、十五学官讲学，地方官应"就弟子列"。如果地方官政事上有过失，"小则纠绳，大则伐鼓号于众"。这样学校就成为名副其实的议政机关，颇类似于后来西方资产阶级的议会制。尽管这一设想在当时不可能实现，但却具有反对封建独裁的进步意义。

黄宗羲还对专制主义法制提出批评，明确提出三代以下无法，因为这种法把天下福利藏在筐箧之中，从不考虑百姓的利益与幸福。这种法"不过是一家之法，而非天下之法"。真正的法应当不为一己而立，一切为天下百姓的利益，人们的地位不分朝野应一律平等。黄宗羲认为只有打破封建君主的一家之法，才能产生公天下之利的"天下之法"。"有治法而后有治人"，只有建立正当的法制，并选贤任能，依法办事，才能达到天下大治。

在经济上，黄宗羲主张授田于民，并提出了"工商皆本"的思想。他主张平均政府支配的"官田"，每户授田50亩，剩余部分"听富民之所占"。应当说，在长期"重本（农）轻末（商）"的思想束缚下，"工商皆本"的经济主张表现了黄宗羲的远见卓识，反映着时代前进的要求。

在教育及选官制度上，黄宗羲反对八股取士，主张实行广开才路，任人唯贤，反对桎梏人才的用人制度。在教学内容上，他十分强调要重视实践，要学习自然科学等。

黄宗羲的思想主张，反映出一个时代的大转折，代表了明清之际我国

启蒙思想第一人
——黄宗羲

江浙一带资本主义萌芽的新思想。与黄宗羲同时的思想家顾炎武致信黄宗羲说："大著《明夷待访录》读之再三，于是知天下之未尝无人，百王之敝可以复起，而三代之盛可以徐还也。"

时间推移到200多年后的戊戌变法时期，一直被清代列为禁书的《明夷待访录》成为维新变法的兴奋剂。"梁启超、谭嗣同辈则将其书节抄，印数万本，秘密散布，于晚清思想之骤变，极有力焉。"即使在资产阶级民主革命时期，资产阶级知识分子也仍把黄宗羲的《明夷待访录》及其民主思想，作为反对封建专制主义的重要思想武器。

1695年，黄宗羲以85岁高龄与世长辞，生前曾留下遗嘱：不更衣服，死后即敛，一被一褥，安放石床，不用棺椁，不做佛事，不做七七，凡鼓吹巫觋铭旌纸幡纸钱一概不用。这一遗嘱充分体现出黄宗羲高尚的情操和大无畏的战斗精神。

匹夫也问兴亡事

——顾炎武

　　顾炎武（1613—1682年），著名思想家、史学家、语言学家，与黄宗羲、王夫之并称为明末清初三大儒。青年时发愤研究经世致用之学，并参加昆山抗清义军，失败后漫游南北，曾十谒明陵，誓不与清政府合作。他学问渊博，于国家典制、天文仪象、经史百家、音韵训诂之学，都有研究。晚年治经重考证，开清代朴学风气。他的名言"国家兴亡，匹夫有责"更是影响深远。周恩来早在天津南开中学读书时，就喜欢读顾炎武的书，受其影响，遂立志为中华崛起而读书。

书香门第，注重家教

顾炎武，明万历四十一年（1613年），出生在江苏昆山亭林湖畔，取名绛，字宁人。后来，由于他景仰文天祥的门生王炎午的为人，改名炎武。后人则尊称他亭林先生。

1613年夏天，顾炎武出生于江苏昆山千墩镇亭林湖畔的一个官僚地主家庭。昆山顾氏，本是"江东望族"，曾祖顾章志官至南京兵部右侍郎，祖父顾绍芳做过翰林院编修。父亲顾同应没有功名，家道开始衰落。

明万历四十六年（1618年）深秋的一个夜晚，江苏昆山千墩镇顾家"南宅"里院只有一间厢房还亮着暗淡的灯光，顾绍芾的儿媳王氏仍在教小孩子读书。

了解内情的人都知道，王氏不是小孩的亲生母亲，顾绍芾也不是小孩的亲祖父。小孩叫顾绛（后改名为顾炎武），其父顾同应、母亲何氏，这时就住在毗邻的"北宅"。顾绍芳、顾绍芾是兄弟，但顾绍芾的儿子早死，于是把顾同应的次子过继给已死的同吉为子，承祧顾绍芾家的香火。

顾炎武的嗣母王氏是一个有文化、很讲礼节的妇女，恪守当时的妇道、孝道。顾炎武从襁褓时就为嗣母所抚育，母子感情甚深。他从嗣母身上得到如同亲生母亲那样的母爱，受她的影响很深。嗣母的言行举止，都在他幼小的心灵里留下深刻的印象，而嗣母的勤劳、刻苦、好学、自律的品德则成为他终生效法的榜样。王氏还给他讲忠臣烈士的故事，鼓励他要有气节，要有作为。

　　另一位对顾炎武进行启蒙教育的"家庭教师"是他的嗣祖父顾绍芾。顾绍芾一生只是个监生，无权无势，也没有显赫的地位，然而却有几分才气，爱写诗、书法，且十分关心社会状况。早年曾随其父到各地熟悉风土人情和政界内幕，也算得上是一个见多识广的人。不过，他最感兴趣并最有研究的还是史学和地理学。因此，在他的影响和严格要求下，顾炎武从9岁起，就开始系统地阅读我国古代历史书籍，如《史记》《左传》《战国策》《国语》《资治通鉴》，等等。

　　顾绍芾很喜欢顾炎武。除了耐心地给这个聪明的孩子解释经史书籍外，还经常讲一些做人和做学问的道理。他曾教诲顾炎武，一个真正的读书人，必须研究天文、地理、军事、农政、水利、建筑以及历代兴衰的道理，要学好与国计民生有关的实学。他还告诫顾炎武，做一个真有学问的读书人，无论是著书，还是写文章，都要有创新精神，切不可只是模仿古人。

　　顾绍芾虽然身无一官半职，但他却十分关心国家大事，长期阅读刊载有关政事的文书和消息的邸报，并认真地摘录其中的重要材料，并教导顾炎武："读书不如抄书。"顾炎武从他的口中，知道许多闻所未闻的新闻、国事。

　　从7岁起，顾炎武被送进私塾，一直学到13岁，其间嗣母、嗣祖父对他的管教从未中断、放松。以后，顾炎武注重经国济世的实学；在学术上勇于探索；一生始终关心国家大事和民族命运；为人耿直，能吃苦耐劳。这些都和两位亲人早年对他的教育分不开。

匹夫也问兴亡事
——顾炎武

科举失意，致力实学

明天启六年（1626年），顾炎武已是14岁的少年，嗣祖父依据"纳谷寄学"的成例，使顾炎武成为县官学的一名"庠生"，在昆山县城求学。从此，顾家便多了一个秀才，家人十分兴奋，人们也很羡慕他。

原来顾家也曾是"江东望族"。顾炎武的高祖、曾祖、祖父三辈人中，曾出过四个进士，并在明正德、嘉靖、万历三朝做过地方或中央的官员。但后来家道竟衰败下来，尤其是到了他父亲顾同应，则只在乡试中得了个副榜。政治上无权势，经济上也就每况愈下，到崇祯年间，顾家已出现左支右绌的窘况，只得把八百亩田地典出去。因此顾家要重振家业，顾炎武要光宗耀祖，实现自己的抱负，便只有走读书做官的"正途"，即要参加科举考试。

进入县学成为一名"生员"，这是科举路上的第一步，接下来还要经过"乡试""会试""殿试"，中了进士才可以做官。而以科举求取功名利禄，对于刚入学的顾炎武并非没有吸引力。入学之初，他便登记名字为"继绅"，字忠清，为了在每年一次的"岁考"中取得好成绩，他也曾刻苦攻读，有两次是名列一等，成绩优秀。

不过，顾炎武在"乡试"中的运气不好，13年的光阴转瞬即逝，顾炎武依旧是秀才之身。多少宝贵的时间和精力，就消磨在毫无意义的科场蹉跎之中。

自从成为秀才之后，为应付科举考试，顾炎武不得不埋头在故纸堆中，成天死记硬背那些儒家经典中的教条，还要熟读一些范文。这样的学习内容，只能束缚人的思想，发挥不了求学者的聪明才智，对于思想活跃的年轻人，更有度日如年的感觉。

顾炎武是一个思路敏捷，不惯于读死书的人。因此，为应付科举考试的学习，并不能使他满足。幸好，他的同学中蠹书虫不多，而他还交上了几个与自己心气相投的朋友。与他最要好的朋友是他的同窗归庄，二人年龄相当。归庄的曾祖父归有光，世称震川先生，是明代著名的散文家。归庄的家境比较清贫，其父以教书卖文为生。归庄性情豪迈，能诗善画，又十分关心国事，和顾炎武一见如故，结成终生的莫逆之交。

顾炎武的朋友，还有比他小两岁的叔父顾兰服，小七岁的吴其沆及他的外甥徐履忱。他与朋友在一起，不仅互相勉励、切磋学问，还经常议论国事，批评时政。由于他们性情都耿直狷介，不肯随俗浮世，竟被人称为"归奇顾怪"。对于时人的讽刺、挖苦，顾炎武晚年曾作如下的解释："归奇顾怪，一时之选。"就是说，当年那些追名慕利，与世俗浮沉的人以为我们的言行奇怪，哪里知道像我们这样的年轻人，才称得上那个时代的优秀人才。

当时对社会现状越来越不满、不安，也不愿把自己的才能埋没在科举制度桎梏下的知识分子，表现出强烈的社会参与意识，形成了一种结社的风气。如应社、几社、读书社等之类的政治或学术团体应时而生。崇祯二年（1629年），张溥、吴应箕等会集远近士子于吴江，创立复社。次年又利用南京乡试的机会，广为招徕，复社队伍逐渐壮大。这一年，17岁的顾炎武、归庄也赴南京应乡试，就在秋天，也加入了复社。

复社是一个富有政治性质的学术团体，创建这个组织的领袖人物初衷

13

本与政局无关。但是，参加复社的人，大多是对明末政治黑暗、腐败表示不满，怀有改良思想的知识分子。他们经常集会，论学谈文之外，往往议论国事，越来越表现出强烈的政治热情。他们抨击宦官专权，指斥贪官污吏，呼吁改良朝政、减免百姓的赋税、要求革新政治，形成了一种有影响力的社会舆论，时称"清议"。并且不可避免地卷进了当时的官场斗争。复社的活动中心在苏州，很有声势。

自从参加复社后，顾炎武接触到许多江南俊杰，听到许多从书本上学不到的知识和信息；也获得与人切磋、交流有关学术或社会问题见解的机会。同时，通过活动也结识了一些志同道合的朋友。

就在这些年里，国事是一年一个样。崇祯初年，张献忠、李自成先后参加农民起义军，他们的大名和绰号"八大王""闯将"越来越频繁地出现于告急的官方文书中。大大小小的无数支农民起义队伍，此起彼伏，像一根根绳索套在明王朝的脖子上，越收越紧。明王朝所剩下的日子已经不远了。与此同时，关外清军的马蹄声也越来越迫近北京城。

多事之秋，已经27岁的顾炎武又一次为取得举人资格而参加乡试，仍然是名落孙山。科场受挫使他很难受，但他不为落第而苦恼，他悔恨的是自己把宝贵的光阴浪费在一无所获的科举上，他深刻地认识到了科举制度的危害。顾炎武在后来所写的《生员论》中，深刻地揭露和批判了八股时文、科举制度的害处。

他认为八股文风使明代社会风气变坏，那些士大夫们专以文章为沽名钓誉的工具，不关心民生疾苦，满肚子是升官发财的打算，文章常常抄袭古人，内容空洞，读起来索然无味。

他批评科举制度是使读书人"以有用之岁月，消磨于场屋之中"，培养不出国家所需要的人。科举制度培养出来的人只会使吏治腐败，政治黑暗，鱼肉百姓，或朋党为奸。最后，顾炎武的结论是，只有"废天下之生员，而用世之材出也"。

顾炎武既然已认识到科举制度的害处，便放弃科场应举之事。为此他耐心说服对科场很抱希望的亲人，并告诉他们自己的打算，以求得他们的谅解和支持。顾炎武所讲的道理是，国家多灾多难，不是读经的儒生所能解决的。他的打算是，要在"事关民国"的"实学"上下功夫。从此，顾炎武便把全副精力用到挽救社会危机的探索上。

当时，他既重视对社会现实的了解、研究，也认真地从书籍中找历史的借鉴。他从了解国情入手，以便找到造成明末社会积弊的根源以及解决的途径。

顾家的藏书很多，有全套的二十一史、《大明一统志》、各省府州县地方志、本朝历代实录，还有许多名人名家的文集、笔记以及章奏文册等。有些家中没有的书，他就请朋友帮忙收集、借阅。他整天把自己关在书房里，夜以继日地博览群书，摘抄资料，他所辑录的资料主要是有关农业、水利、矿产、交通等方面的，因天下大乱，这些资料未能编册成书。后来，顾炎武在实地考察的基础上，运用这些资料，又增补了部分内容，汇编成两部书。一部是有关经济科汇编的《天下郡国利病书》，共120卷，主要是农田灌溉，工矿资源、户口、田赋、徭役等方面的内容。另一部是有关地理资料汇编的《肇域志》，共100卷，主要内容是介绍各地地理环境以及地理沿革等。这两部巨著，内容丰富、翔实，对于我们研究中国古代尤其是明代的经济史和地理学，具有重要的参考价值。

奔走抗清，株连入狱

顾炎武在县学读书时，嗣祖父顾绍芾从邸报上看到的坏消息越来越多，他越来越感觉到，大明王朝的前途实在太渺茫了。瞻念前途，使人不寒而栗。

顾炎武出生在万历年间，那时由朱元璋创建的大明王朝，在经历了200多年的历史后，早就没有当年的盛世情景了。顾绍芾虽远离京城，但从邸报的字里行间和纷纷传言中，关于皇帝的昏庸无能，朝政的腐败黑暗，日益严重的内忧外患，他都有所耳闻。

昏君在上，自然造成宦官把持朝政，大权旁落的局面。当时宦官专权之害，作为地主阶级知识分子中一员的顾绍芾很敏感，所知也较详尽。他很清楚，明熹宗时宦官专权现象尤其严重。当时，太监魏忠贤和朱由检的乳母客氏相互勾结，上下招权纳贿，把朝廷弄得腐败已极。为了升官发财，朝廷内外的无耻之徒拼命地为魏忠贤歌功颂德，肉麻地把他叫作"千岁""九千岁"；各省地方大官也竭尽逢迎拍马之能事，纷纷为魏忠贤建生祠、祈福。从上到下，一片乌烟瘴气。

至于政治黑暗，官场贪污成风，顾绍芾更是时有所闻。社会已到了"官以财进，政以贿成"的严重地步，在朝廷，魏忠贤的亲信吏部尚书周应秋公开按官职大小向求官者索价。在地方，卖官鬻爵也成风气。当时，有人在长安门上张贴了这样一首讽刺诗："督抚连车载，京堂上斗量。好官昏夜考，美缺袖中商。"

　　当然，对于顾氏祖孙来说，最有直接感受的还是在他们身边发生的土地兼并日益严重的问题。当时，各地的土豪劣绅肆无忌惮地掠夺农民的土地、财产。就在昆山地方，已有90％的农民失去自己的田地而沦为财主家的佃户。明末赋役之沉重，不仅使广大农民不堪重负，大批逃亡，而且，就连顾家这样的地主，也叫苦连天。

　　顾绍芾还注意到，就在大明王朝日渐衰败的时候，关外的满族正在兴起，其势力还不断在发展。万历四十四年（1616年），努尔哈赤完成统一女真各部的大业，建立"大金"政权。崇祯二年（1629年），金兵在皇太极率领下突入长城，进围北京，举国震惊。四年后，皇太极再次率兵入关，分兵攻宣州、大同、应州各地，一路烧杀掳掠后，才退回沈阳。崇祯九年（1636年），皇太极登基称帝，改国号大清。从此明清关系进入一个新的时期：两个王朝，为争夺对中国的统治权而厮杀不已。在清军的不断攻击下，明王朝已被拖进一场越来越失去希望的战争之中。

　　最使顾家祖孙忧虑的还是越来越多绝望的农民走上反抗的道路。从万历末年陕西爆发的流民、边民的抗暴图存的武装斗争，犹如星星之火，已渐成燎原之势。虽然在顾炎武的少年时代还不曾发生社会巨变，但已处处使人有山雨欲来风满楼的紧迫感。所以就连惯于吟风弄月、写诗作赋的嗣祖父和顾炎武的哥哥也读起兵书，议论起民事、兵法来了。他们要求还是小孩子的顾炎武也要读《孙子》《吴子》一类的兵书。其实，明末社会形势的急剧变化，迫使当时的人们自觉或不自觉地改变着自己的生活道路。

　　正在顾炎武潜心这项研究工作，并已获得成效时，腐败的明王朝灭亡了，战火烧到江南。顾家大院内人心惶惶，再也不能安静读书写作。

　　崇祯十七年（1644年）三月十九日，李自成领导的农民起义军终于攻

匹夫也问兴亡事
——顾炎武

入北京。崇祯皇帝上吊自杀,临死之前,还幻想着儿子能够复辟,结果他死后第二天中午,李自成便在北京老百姓的欢迎中进城了,并张弓搭箭朝承天门上的门匾射去了一箭,至此,"奉天承运"的大明王朝灭亡了。

就在李自成统率的大顺军欢呼胜利之时,十余万清军已逼近山海关。驻守山海关的明总兵吴三桂投降清军,李自成权衡敌我力量后主动放弃北京,主力西撤。五月初二,清军入京。就这样,历史上完成了明亡清兴的转变过程。

正当清军和大顺军在北方厮杀不已时,在南京,明朝的一些将领和官僚为了收拾起半壁河山,拥立福王朱由崧做皇帝,年号弘光,这就是第一个南明政权。弘光王朝建立起来以后,就把自己放在与清王朝对立的位置上,而且面临着清王朝即将开始的对全中国的军事征服行动。起初,江南的有志之士对南京政权期望很大,希望它不仅能够抗击清军的南下,而且能够收复沦陷的故土。李自成攻入北京的消息传到江南时,顾炎武正在苏州,他看到别人的浮动,社会的不安定,便急忙赶回昆山,把家人疏散到偏僻的地方。

顾炎武19岁以后一直用"绛"为名,明亡之后,他便改名炎武,字宁人,又作炎午。据说这是因为南宋民族英雄文天祥有一个学生叫王炎午,很有民族气节。他改名为炎午,即含有以文天祥为师之意。

听到南京政权成立的消息,顾炎武感到很振奋,但他更期望参加实际斗争,为国家民族作出自己的贡献。1645年,顾炎武被福王政权任命为兵部司务,他并不嫌官小,只认为这是自己为国家尽力的好机会。因此任职之前,集中精力撰写了著名的"乙酉四论":《军制论》《形势论》《田功论》《钱法论》。在文章中,他猛烈抨击明末社会中存在的种种弊端,指出当时的社会已到了非变革不可的时候。并且从弘光政权的实际情况出发，围绕着政权稳定，并能够和清廷对抗的核心问题，就军队的改选、军事战略的策划、财政的整顿以及务农积谷等，提出了一系列切实可行的应急措施。在《钱法论》一文中，顾炎武还深入浅出地阐明了货币的流通规律，可见他对经济问题确有研究。

带着自己精心研究而提出来的改革方案，顾炎武兴冲冲地上路了。一路上春光明媚，他相信福王政权会采纳自己的主张；在镇江所见的战斗演习，旺盛的士气，更让他热血沸腾，怀着激动的心情写下《京口即事》二首，抒发对抗清必胜的信念。可是，到南京后不久，残酷的现实使他大失所望。福王朱由崧政治上毫无作为，生活上荒淫透顶。弘光王朝的政权由马士英、阮大铖执掌，他们都是奸诈、阴险的贪官污吏，与福王狼狈为奸，苟且偷安。他们置国家民族的安危于不顾，只热衷于结党营私，争权夺利，甚至排挤和打击爱国将领史可法等人。复仇既成空话，出师更是无期。怀着一腔报国热情赶到南京的顾炎武，得到的只有冷遇和白眼，他的主张更无人受理，政治抱负不得施展，只得愤愤而归。

就在这时候，南京的形势更加危急了。1645年，清军在摧毁李自成的大顺政权后，便调集精锐部队向福王政权发起了猛烈进攻。是年三月，清军节节南下，渡过淮河，围攻扬州，打算夺取扬州为据点，再横渡长江，直取南京。当时坚守扬州的是南明政权的兵部尚书史可法。他在得不到弘光王朝一兵一卒援助的困苦情况下，拒绝了清朝的诱惑，给来犯的清军以迎头痛击。然而寡不敌众，四月二十五日，扬州保卫战失败，史可法等爱国将领英勇就义。扬州失陷后，清军竟下令屠城十日，制造了一场惨绝人寰的浩劫，将一座历史悠久、繁华富庶的古城变成了一片瓦砾废墟。

面对大敌，顾炎武虽不满福王政权的腐败无能，但仍把它看作是国家的象征。五月，他再次前往南京。可是，福王政权已是兵败如山倒。

匹夫也问兴亡事——顾炎武

镇江、苏杭等地先后失陷。明朝大将或逃或降。腐败的明军几乎全部瓦解，剩下的一小部分也无力抗击清军了。与此同时，降将刘良佐抓回出逃的弘光皇帝，并把他押解到南京。这样，弘光王朝维持不到一年的时间就覆灭了。

清军对江南人民的血腥屠杀，激起了顾炎武强烈的民族仇恨。他敬仰史可法等人的英勇献身精神，坚定了誓死不屈的意志。同时，他也相信，江南人民有着不畏强暴的精神，抗清斗争将继续进行下去，他在诗中写道："勾践栖山中，国人能致死。叹息思古人，存亡自今始。"

江南人民确实没有屈服，他们纷纷奋起武装反抗。在江阴，为了反抗清政府的剃发令，市民纷纷罢市，数万乡民冲进县城，杀掉县令和监督剃发的满族士兵。清王朝调军队攻打和采取诱降的办法，都没有使江阴人民屈服。虽然在清军强大军事攻击下，江阴人民的反抗斗争最终失败了，却鼓舞了大江南北人民的斗志，出现了"戈矛连海外，文檄动江东"的形势。顾炎武过去在复社的熟人、朋友，都先后参加到抗清义军的行列之中，在各地组织义军。当时还在路上的顾炎武顾不得回家，便毅然投笔从戎，在苏州参加了抗清武装斗争。

各路义军制定了统一的军事计划，他们打算趁清军初占江南，立脚未稳，先奇袭苏州，切断南京与杭州之间清兵的联系。然后从宜兴、溧水奔袭南京，太湖义军则进攻杭州，使清军的前锋部队不能回师救援。攻占南京后，立即重建明朝政权，进而发动和领导全国各地的抗清斗争。

六月十日，陈子龙等人在松江发动起义。松江义军担负着袭击苏州的任务。义军英勇作战，市民积极配合，给清军以沉重的打击。但因后续部队的来迟，援军在途中被清军所阻，再加上敌众我寡，松江起义失败。

前后仅一个多月时间，各地义军便先后被击溃。抗清义军失败的原因是当时没能形成一支有力的领导力量。江南抗清力量虽人数多，但成分复杂，支派纷繁，他们互不统辖，各自为政。而被推为总指挥的总兵吴志葵又少决断。大多数义军的武器装备居于劣势，也是失败的原因。

松江起义失败后，顾炎武和归庄等只好退回昆山，但他们还是斗志不减。

清军在击灭福王政权并镇压了大部分的反清起义后，重新颁布剃发令，强迫汉族人民像满族一样剃发留辫。而且推行的办法十分严酷。清军在江南烧杀掳掠的暴行已经引起人民群众极度不满，剃发令这样的民族高压政策更如火上浇油，这样，各地又先后爆发了以反剃发为导火线的抗清斗争。

1645年闰六月十三日，降清而当上昆山知县的阎茂才发布告示，限五天剃发完，"迟则死"，昆山县城顿时群情激愤，冲进县衙门，揪出县令乱刀杀死，放火烧掉县衙门。逃亡外地的原县令杨永言闻讯后，立即招募了数百名士兵赶回昆山，协助组织举义事务，顾炎武的好友归庄、吴其沆也参加了起义。自十五日宣布起义后，昆山县的群众积极准备迎击来犯的清军。他们修缮城墙，打造兵器，储备粮草，并让老弱妇孺出城避难。他们决心为捍卫民族尊严，与清军决战。

七月二日，清军开始攻城，昆山百姓同仇敌忾，顽强抵抗。归庄、吴其沆等都直接参加战斗。顾炎武此时同嗣母住在离昆山县城四十里的常熟乡下，每天晚上，他都和邻居陈梅"露坐水边树下……遥闻火炮"。另据时人所载，顾炎武曾参加昆山起义，负责征集粮食、传送檄文等工作。他的夫人王氏还为义军战士缝补衣服。

清军一连攻了四天，也没拿下昆山。老百姓们奋起反抗，清兵死伤很重。七月五日，清将李成栋亲自督战，还调来大炮轰城。右城、左城先后

匹夫也问兴亡事
——
顾炎武

被清军攻破。义军和百姓与清兵展开激烈的巷战。顾炎武的好友吴其沆英勇牺牲。清兵入城后，屠城三日，昆山5万户口中，2.4万余口被杀。顾炎武的两个弟弟也遭杀害，他的生母何氏被清军砍断右臂。清兵还强迫昆山百姓剃发。好友归庄觉得"苟活不如死"，于是以僧装亡命，号普明头陀。

紧接着，清军于七月十三日攻下常熟县城，消息传来，顾炎武的嗣母绝食而死以抗议清军的暴行。临终前，她告诫顾炎武，不要忘记眼前的这一切事情，更不要做清朝的官。这一连串事件决定了顾炎武此后坚定不移的反清立场和态度。

1645年至1654年的十年里，顾炎武一直流亡于大江南北。他蓄发明志，表示对清廷的反抗。他还隐名埋姓，来往于两淮、苏杭之间、联络有志之士，进行抗清斗争。顺治四年（1647年），震惊江南的吴胜兆反清一案，其中就留下了顾炎武的踪迹。这一年，清松江总兵吴胜兆与海上抗清武装联络，图谋起义反清。四月，事情泄露，顾炎武的好友，抗清志士陈子龙、顾咸正及二子等40余人相继死难。就在出事之初，顾炎武还和顾咸正商讨如何出逃的计划。

顾炎武虽幸免于难，但他听说，昆山劣绅叶方恒，自降顺清朝后，与清朝官府打得火热。这个欺压人民、横行乡里的家伙，这时正在千方百计搜集顾炎武反清的"罪证"，并不断向官府告密，官府已注意起顾炎武的言行举止。为了不引起敌人的注意，顾炎武只好剃去头发，装扮成行商，继续往来于大江南北及太湖洞庭山一带，广泛结交，认识了许多好友，这些人都是坚持反清人士。其中，顾炎武在江北淮安结识的张绍，与顾炎武的交情维持了很长时间。顾炎武55岁时出版《音学五书》，张绍曾帮他查阅《说文》《玉篇》等参考书，还在文字和内容上做了一些增补、修改工作。顾炎武很重视他的意见。

就在这一时期，他还同归庄一起在苏州加入了惊隐诗社。他们经常在一起吟诗寄兴，抒发国家遭变的隐痛，商讨与国家、民族的前途有关的大事。这就是他后来在一首诗中概括的："悲深宗社墟，勇画澄清计。"他曾写下许多优秀的爱国诗篇。在这些诗中，有对在抗清斗争中壮烈牺牲的亲朋好友的怀念；有对江南人民英勇不屈、舍生忘死精神的讴歌；也有对当年可敬可泣的斗争事迹的记述。

1654年春天，顾炎武来到南京，在钟山脚下"典得山南半亩居"。其时，郑成功起兵海上，张名振、张煌言的抗清部队从长江上行，一直打到镇江，使南京城受到威胁，这时，顾炎武按捺不住自己对抗清部队取得胜利而兴奋的心情，因而成为清政府严加追查的重要嫌疑对象。

1655年春，正当顾炎武为如何摆脱清廷对他的猜疑而煞费苦心之时，老家昆山传来更坏的消息：有人要告他与海上的反清义军或强盗有联系。一旦罪名属实，不仅自己要掉脑袋，还要祸及亲朋好友。扬言要告发他的竟是顾家的家奴世仆陆恩。受劣绅叶方恒的唆使，势利的陆恩叛离顾家。顾炎武得知后，赶回昆山来，暗中约来朋友，决定除掉陆恩这个祸害。叶方恒听说此事后，借题发挥，想置顾炎武于死地。他一面派人窥伺顾炎武的行踪，一面让陆恩的女婿向官府告发，还买通昆山县官府，图谋判处顾炎武重刑。

顾炎武落入叶方恒布下的罗网，被绑架、囚禁于叶方恒的家奴家中。叶方恒对他严刑拷打，企图逼迫顾炎武自杀偿命。顾炎武的处境实在险恶！他的好友归庄等人四处设法营救他。

归庄救友心切，决定求助于正在清朝做大官的钱谦益。钱谦益早年曾是江南文坛的领袖，算得上一代名士，但自从丧失民族气节后，反清志士

匹夫也问兴亡事
——顾炎武

都不愿与他交往，为挽回声名，有时暗地里也表示不忘故国，愿帮一点小忙，且他和叶方恒是世交，是能帮这个忙的，但他要顾炎武承认是他的门下弟子。归庄等便自作主张，代顾炎武写了个门生帖子。顾炎武知道后，坚决表示不同意，并贴告示到大街上，表明门生帖子之事与他无关。幸好营救顾炎武的路泽溥、路泽浓二兄弟通过松江府守备的帮忙，才使他得以轻判。

1656年春，顾炎武从松江出狱，回到昆山，后到南京。在南京他又一次遭到叶方恒的暗算，并差点丧命，在昆山的故宅也被叶方恒洗劫一空。家庭环境的险恶，叶方恒接二连三的迫害，家难与外侮交相逼迫的处境，使顾炎武无法再在家乡立足了。江南的反清斗争也转入低潮，永历王朝退守西南地区，南明最后一个皇帝朱由榔又懦弱寡断、昏庸腐朽，大权旁落宦官权臣，小王朝内部矛盾重重，已无光复旧国的希望。顾炎武这时有了到北方重新开展反清斗争的想法，因为燕赵多慷慨之士，在1647年出现的抗清高潮中，北方人民也曾举起反清的旗帜。另外，北方是中华民族的重要发源地，保存有众多的文化传统，也产生出数不清的志士仁人、学者、专家。因此，顾炎武决定北上，放眼一观北国风光，同时也结交北方的朋友，继续为民族作出贡献。

1657年春，45岁的顾炎武变卖了昆山的全部家产，向老友归庄等人依依惜别后只身弃家北去，开始了此后20年辗转流徙的游历生涯。

经过长途跋涉，他到山东莱州府住了下来。他沿途作地理考察，曾攀登山东即墨县以南的崂山；他更关心民情，对战争给人民带来的痛苦、给社会造成的破坏，深感愤恨。同时，也流露出他自己对和平、安定生活的向往。

作为一个南方人，初到北方，生活很不习惯。但生活上的不便并没有使他退缩。简单地安顿下来后，他便开始积极活动。在以后的三四年间，他逐渐把自己的活动范围扩大到山东、河北、北京，并结交不愿为清王朝做官的学者，同他们互励气节，研讨学问。

在莱州住了一段时间后，顾炎武来到济南，会见了隐居的反清志士徐夜，帮助徐夜修订山东地方通志。在济南的一个很偶然的机会，顾炎武还认识了张尔岐，张尔岐对《仪礼》很有研究，为人正直勇敢，也曾秘密从事反清活动。自从明亡以后，一直隐居故乡北京，以教书来糊口。互相了解情况后，两人的感情顿时亲近，从此成为很要好的朋友。在山东，他还结交了考据学家刘孔怀和长期研究《左传》、著成长达160卷的《绎史》、人称"马三代"的马辅。同这些学者的交游，开阔了顾炎武的学术视野，使他在经学、史学、文字音韵学等方面都得益匪浅。此外，顾炎武还和当地复社方面的人士建立联系。

1658年，顾炎武由鲁东至泰安，登泰山，赴兖州，到曲阜拜谒孔庙，去邹县谒周公庙、孔子庙。他亲自到鲁西南了解农民起义军榆林军的事迹，然后在章丘县桑家庄典买了一些土地，建立一个小小的庄园，并以此为据点，频繁往来于河北、山东、江苏、浙江之间。

在山东期间，他很注意古文物的研究，曾写成《山东考古录》一卷。还留下一些咏物寄情的诗篇。从这些诗句中可以看出，顾炎武并不是一个漫无目的、只知吟风弄月的旅行家。他有着以天下为己任的拳拳爱国之心。他在一首五言诗《秋雨》中写道"生无一锥土，常有四海心"，表现了他关心国家、民族的博大胸怀。同时，顾炎武正是通过在"四海"的实地考察，去探求历史衰亡变迁的原因。

在考察了山海关、居庸关、古北口、昌黎、蓟州等地的史事和地理形势后，顾炎武又查阅了有关地方志，然后编成《营平二少州史事》六卷。

匹夫也问兴亡事——顾炎武

在序言中他开宗明义地表明自己著书的目的是为了总结历史经验教训，特别是明王朝为什么因营、平、滦三州而"至于争地构兵"，最后"亡其天下"。

1659年夏天，顾炎武在山东听说郑成功、张煌言带领义军打到江南，立即兴冲冲地起程南下。其时，郑成功所率17万水陆大军，自崇明岛登陆后，攻势凌厉，沿江而上，一路有如破竹。在一连串胜利的鼓舞下，广大的江南、皖南地区，再一次燃起抗清的烈火，人民群众欢呼雀跃，纷纷响应，反清斗争的形势很好。遗憾的是郑成功被胜利冲昏了头脑，骄傲轻敌，竟屯兵南京城下两个多月，不仅坐失战机，还被敌人奇袭而全军溃败。顾炎武的《江上》一诗记述了这段历史，并总结了义军"不知兵用奇""屯甲守城下"的失败教训。

郑成功兵败以后，顾炎武随即怅然北归。此时僻处西南一隅的永历朝廷只是在作垂死挣扎了。顾炎武终于看清楚，南明政权气数已尽，断无恢复之望了。从全国来看，反清斗争很难取胜，而且也没有以前的那种势头了。

1662年春，他从山东来到北京，又去昌平谒陵，以表达自己对故国的怀念。但回忆明王朝的种种黑暗腐败的往事，他也有许多感触。通过对这一段历史的反思，顾炎武已经意识到，自己不应为一家一姓的存亡兴衰所约束，明王朝的覆亡既已无可挽回，自己的事业就应放在为国家、为民族争取更光明的前途上，他开始了新的起步，把自己活动的范围扩展到河南、山西、陕西各地。

是年初夏，顾炎武开始了西北之行。在此后的几年里，他不断转移，甚至很少在一个地方停留三个月以上。随他跋涉的有两匹马、两匹骡子，驮着沉甸甸的书籍。他的大部分旅费，不是靠亲友接济，就是靠沿途做点小买卖。顾炎武这种旅行的艰难困苦可想而知。

1663年，顾炎武到了山西太原，住在当地著名学者傅山的农庄。傅庄主学识渊博，是一位思想家、文学家、画家和书法家，还擅长医道，热心为人治病。但他有个怪癖，对南方学者抱有偏见，连宋代大文学家欧阳修、曾巩的文章都不愿读。不过，傅山和顾炎武这个江南学者却一见如故，相处得很好。

通过傅山的介绍，顾炎武结识了山西有声望的学者李因笃等人。李因笃之父为复社成员，他本人也曾在长江中游一带参加反清秘密活动。当时正在山西某知府家塾执教。顾李二人虽在年龄上有差距，却是关系密切的忘年之交。顾炎武曾与李因笃商讨在五台山地区垦荒选田的计划，李帮他借贷资金。顾炎武还向他畅谈自己发展畜牧业、开发矿业、经营商业的一系列计划。同时，他们也是切磋学问的好友。李因笃会诗，诗风效法杜甫，有一些佳作；对于音韵学也有研究，顾炎武的《音学五书》即吸收或采纳了李因笃的一些观点和意见。

随着1662年1月永历皇帝被俘，最后一个南明政权宣告瓦解，到1664年，轰轰烈烈的反清斗争进入尾声，清王朝的统治从此逐渐稳定下来。但为了彻底清除反清思想，强化封建统治秩序，实行专制主义思想统治，清王朝大兴"文字狱"，以某些著作或文章中有反清字句和思想为借口，大肆捕杀文人和无辜百姓。

1663年，正当顾炎武在山西临汾一带漫游时，清政府制造了震惊朝野、影响深远的庄氏明史案。案情是这样的：康熙二年（1663年），浙江湖州富商庄廷龙请人增编《明书》。如实地写了明末天启、崇祯两朝的一段历史，如建州卫与明朝的关系等，被认为是有意反清，庄氏全族和为此书写序、校对以及买书、卖书、刻字、印刷的人等共70余人被斩

杀，还有几百人充军边疆。顾炎武的两个好友吴炎和潘柽章也在这件案子中遇难。

噩耗传来，顾炎武悲愤难抑，提笔展纸写成《汾州祭吴炎、潘柽章二节士》，凭吊惨遭不幸的朋友。诗中既有对亡者的沉痛哀悼惋惜，更有对清廷摧残人才、草菅人命罪行的控诉和声讨。顾炎武意犹未尽，又写了此类主题的《书吴潘二子事一文》。他还让潘柽章的弟弟北上避害，并打破自己不收门生的定例，将其收为弟子。对于死难烈士的遗属，顾炎武和他的朋友们总是尽心尽力给予安抚和帮助。

1664年年初顾炎武再回山东，在章丘县大桑家庄购置了一份田产，打算在这里休整，过一段比较安定的生活。殊不知，横祸飞来，1668年他也被卷进清廷所制造的山东莱州黄培诗狱中。因他置买田产的户主想把他的这些田产再侵吞过来，便诬告顾炎武为已审理三年、有"悖逆"思想的《忠节录》编者，且案子被弄到了奉旨审理的地步，官府发文到昆山追捕顾炎武。

当时顾炎武正在北京，消息传来，他又惊又气。朋友们劝他远走避祸，但他不愿事态扩大和牵连亲友，决定立即赶往济南，去和诬告之人公堂对质。三月初即抵达济南，在德州时他便很果断地把一些很可能被人捕风捉影、招惹是非的信札烧掉，并预先建立狱内外的联系渠道。

顾炎武一到济南就被关进监狱，官府根本不听他的申辩。就这样，他在狱中过了半年多非人的生活。各地的朋友得知他入狱的消息，千方百计加以营救。李因笃闻讯，从山西日夜不停地赶到济南，到狱中探望顾炎武，并为他筹集资金。后来，终于弄清楚顾炎武和《忠节录》并没有关系。当年十月，顾炎武获释出狱。

在经历了这样的磨难后，顾炎武对文字狱带给读书人的种种不幸和痛苦，有了更深刻的体会。但他并没有被清廷的刑具、牢狱所吓倒，面对迫害，仍表示自己的决心："禀性特刚方，临难讵可改"，"永言矢一心，不变同山河"。

同时，由于莱州之狱所受到的诬陷与迫害，他认为山东跟江南一样，人心唯危，风气日益败坏，于是他改变原先长居山东的计划。

坚贞不渝，不仕清廷

莱州之狱的痛苦遭遇，使顾炎武深刻体会到当时社会的黑暗、人心的险恶。但这次难忘的经历并没有使他颓唐消沉。在此后的数年里，他仍然像以往那样，带着两匹马、两匹骡子，装驮着急用的书卷，不辞艰辛地往返于山东、山西、河南、河北等地，更勤奋地从事于著述。在行万里路、读万卷书后，他产生了一种强烈的责任感，即"明学术，正人心，拨乱世，以兴太平之事"。

顾炎武出狱后，曾因小妹家的几个外甥盛情邀请，而于康熙十年（1671年）、十一年、十二年、十五年几次入京。这几个外甥都先后经科举高中，做了清朝大官。这三位外甥年幼之时，家境并不太好，顾炎武曾解囊扶持，现在当上了大官自然要回报往日之情。另外，他们也有个人的打算。清初发生的文字狱，往往株连甚广，他们担心这位一贯反清的舅舅，在外边惹出大祸，牵连上自己。因此，他们把舅舅接来同住，既尽了孝心，也可减少他与外人的接触往来，少生许多麻烦。

顾炎武出狱之初，很感激外甥的关照和帮助，同时也想借此摆脱官府

暗探对他的监视和注意，在高墙大院里过安宁日子。可不久他就体会到，在外甥家这样的环境中，他根本得不到安宁，尤其是心灵上的安宁。他看不惯官场中的黑暗，更厌恶那种阿谀逢迎的官僚作风。他用诗歌表达自己对这种坏习气的深恶痛绝和无情讽刺："蓟门朝士多狐鼠，旧日须眉化儿女。生女须教出塞妆，生男要学鲜卑语。"因此顾炎武产生了尽快离开这样的生活环境的想法。

清朝的笼络、拉拢政策促使他迅速作出决定。1671年，顾炎武进京，一位与外甥徐元文在朝中共事的大学士熊赐履正在主持编修《明史》，他表示打算推荐顾炎武参加编写《明史》，遭到顾炎武的断然拒绝，并声明如果真要他去做这件事，他就要"非死则逃"。为了摆脱清廷的纠缠，顾炎武谢绝了外甥们的挽留，于1677年带着继子顾衍生，绕道山东，到山西、陕西去了。

实际上，顾炎武从1657年开始就过着游历生活，一直到他病故。正是这种行万里路、读万卷书的特殊生活方式，给中国历史造就出一位杰出的思想家和学者。正是不辞辛劳的万里跋涉和沿途所进行的艰苦细致的实地考察，使顾炎武读社会、自然这本书比别人读得好。因此，他对中国的社会、民情、历史有着更实在、更深刻的认识和体会。

当然，在游历的过程中，他有机会到富有藏书的人家或官府里去查阅各种异书秘籍，这是他完成自己恢宏著述所必不可少的条件和基础。同时，多年在外，特别是北方的漫游生涯，也使顾炎武能够和南北名儒及社会上各有所长的人物结识，从他们那里学到许多知识和本领，和他们坦诚地切磋学问，听取他们对自己著述的意见，如他的《日知录》整个成书过程，都得到朋友与结交的一些学者的不同方面的支持与帮助。此后，在太原，他主持校勘了晋阳刻本荀悦《汉纪》，结识了著名学者阎若璩。在山东德州，顾炎武校订了《德州志》。在济南通志局，他参与了删订《山东通志》中的山川古迹部分。就在这一时期，他把早年所辑录的《肇域志》一书的山东部分，进行了一次全面的修订，以定稿的形式保存下来。

1673年，61岁的顾炎武得知归庄去世的消息，不禁悲从中来，泣不成声，也就是这一年十一月，发生清初有名的"三藩之乱"。所谓三藩，是指清初分封的三个藩王：平西王吴三桂、平南王尚可喜、靖南王耿精忠。他们本是降清的明将，为清兵占领中原立了功，得以封土封王，但因为势力太大，清廷深感尾大不掉，便下了撤藩令，吴三桂等人为保存实力，便起兵反叛。经过大臣们的激烈争论后，康熙帝断然决定派兵平乱。

当时，京城内也发生杨起隆策动起义的事件。北京地区的部队频频调动，一批批往南开拔。战争之初，中央军队节节败退，长江以南，加上陕西、甘肃、四川等地，不是被三藩的军队占领，便是处于战火纷飞之中。

此时的顾炎武，心境很不平静。他一直关注着形势的变化，他知道，虽然当时清军处处设防，但招招落后，军事上极为被动，但局势不一定朝着有利三藩方面的方向发展。因为全国已不会再出现过去反清斗争的那种形势。顾炎武虽仍然坚持反清立场，但因吴三桂很不光彩的历史而对吴三桂存有很多的顾虑和猜忌。所以当吴三桂以复明号召笼络遗民时，顾炎武并没有去投靠三藩，而是躲得远远的。

次年春天，顾炎武怀着前途莫测、对形势变化发展还要观望一下的复杂心情，离京南下，径往山西。当他单人匹马走过华北大地，耳闻目睹北方人民人心思定，社会经济的恢复、发展更需要一个比较安定的社会环境时，他决定不把自己与吴三桂这样的野心家联结在一起。不仅如此，此后他还对三藩之乱给一些地方的经济、人民生命财产造成的破坏，进行了揭露和抨击。由此看来，顾炎武的思想境界又比以前进了一步。他在始终不

匹夫也问兴亡事
——顾炎武

改变反清立场的同时，已开始摆脱狭隘民族主义思想的局限性了。因此，在权衡一个行动的是非和利害得失时，他能够从整个国家和中华民族的利益考虑问题了。

1675年，顾炎武来到山西祁县，拜访了当地学者、反清志士戴廷栻。戴家的丹枫阁，是当时具有反清思想的士大夫们聚会的地方。戴廷栻常在此处接待各地的反清志士，他很钦佩顾炎武的节操和学问，不仅接待了他，还特意为他在祁县地方盖了一幢书屋。这样，顾炎武便把他近20年来在各地游历时随身携带的书卷，都收藏在这幢书屋之中。第二年，顾炎武在北京读到了江南著名学者黄宗羲的《明夷待访录》，对黄宗羲在这本书中所提出的对社会问题的见解大为欣赏，以为如能将书中的主张付诸实践，"百王之敝可以复起，而三代之盛可以徐还也"。他致信给黄宗羲，鼓励他终有实现自己政治理想的那一天。他还以"穷则变，变则通，通则久"的哲理，说明社会终究要实现变革的规律，预言"圣人复起"的美好未来一定会到来。在信中，顾炎武还对自己的生活、工作作了一个小结。他指出在经历了长时间的颠沛流离的亡命生活后，他有着丰富的社会经历和知识积累，因此应该在研究"经世致用"方面有所建树和创造。

不过，来自清廷的干扰却没有停止。清甘肃提督张勇欲拉拢顾炎武，使顾炎武等一批文人为己所用，遭到顾炎武的断然拒绝。

清朝随着政权的巩固，为了缓和清初以来汉族士大夫的敌对情绪，在三年举行一次的正科考试外，又增加了"博学鸿科""经学特科"等特殊的考试来收揽人心。在这些考试中，有些有名望的参试者均被录取，以后又都被授以翰林院的官职，这是清朝的得意之作，曾被称为"得人极盛"。然而，顾炎武以不惜一死的态度拒绝他人的推荐应试和修书聘请，清廷悻悻而罢。

顾炎武还对李因笃在这个问题上所表现出来缺乏原则的态度表示不满和愤慨。顾炎武的态度对朋友产生了一定影响，他的老友傅山和王弘撰也未参加考试。为了摆脱清廷的纠缠，顾炎武从此不再入京。1679年，他由山西向西行，定居于陕西华阴县。

天下兴亡，匹夫有责

　　顾炎武在政治思想上最突出最光彩之处，是他提出了"天下兴亡，匹夫有责"的爱国主义思想。这句话，多年来一直激励着千百万中国人，使人们产生一种崇高的紧迫感和责任感，为中华民族的生死存亡而斗争。

　　顾炎武生活的时代，极端腐朽的明王朝在李自成、张献忠领导的农民起义军的冲击下，土崩瓦解。从东北崛起的清王朝，入关之初，又推行民族压迫政策，广大的人民群众生活在水深火热之中。面对中国社会的急剧变化，那些怀有国亡家破之恨、身世浮沉之苦的文人学者，回忆往事，痛定思痛，总结历史，特别是明亡的这一段历史，因此给后人留下一些不乏真知灼见的论断。

　　在《日知录》第十二卷的"正始"条中，顾炎武通过分析"亡国"是改朝换代，是一个王朝的灭亡；"亡天下"是指整个国家、民族的沦亡，从而得出保卫整个国家民族一类的大事，是包括平民百姓在内的全国人民都负有责任的事情。以后，顾炎武的这个思想，在人们不断的传习和引用中，被概括为"天下兴亡，匹夫有责"。

　　顾炎武不愿做一个雕虫篆刻、吟风弄月、寻章摘句的文人，不屑于过

匹夫也问兴亡事
——顾炎武

"注虫鱼，命草木"的腐儒生活。在国家经历巨大动荡，文化面临巨大变局的时代，中国出了顾炎武、黄宗羲这样的启蒙人物。处在同一时代的欧洲，有培根、霍布斯、洛克，宪政民主思想开始萌芽。

顾炎武来到陕西华阴县后，正好在王弘撰家附近购得堡中书屋一所，打算在此定居下来，度过晚年。当然，移居关中，顾炎武还有更深一层的打算。关中地区，形势险要，自古就是文人荟萃之地，也是兵家必争之地，而且这里的民风淳朴得多。这里的知识分子也比较重视实学，不尚虚浮。他们关心国家大事，有良好的历史传统。由此可见，顾炎武依然胸怀大志，积极奋进，并没有逃避现产、只求苟全性命的隐逸思想。

其间，他觉得"筋力之未倦"，又到河南等地游历了一趟，结交了"一二好学之士"。返回陕西家中后，经常和王弘撰往来。尽管顾炎武壮志不减，但毕竟已届垂暮之年，老而无子，仅有一养子做伴，生活多有难处。这个时候，他的外甥徐乾学早已显贵一时，几次写信给他，表示愿意在昆山买园置宅，接他返乡养老。但是，顾炎武都婉言谢绝了。这是因为他有着国破家亡的痛苦回忆，他的故国之思，至死未泯。

不过，他并没有把自己的目光仅仅局限于皇朝兴替的狭小圈子里，而是关心国家、民族的命运。他决心在西北高原探讨"国家治乱之源，生民根本之计"。他随时随地关注、了解人们的生活状态，反映他们的疾苦，表露出他发自内心的深刻同情。他在给友人李因笃的信中，揭露了三藩之乱给陕西、山西人民带来的痛苦。尤其难能可贵的是，顾炎武并没有仅仅停留在对社会问题的暴露上，还抓住问题的关键，提出了许多切实可行的改革方法。

顾炎武一贯主张"厚民生"，即要把立足点放在发展生产上。他从西北地区的实际情况出发，认为发展经济的主要出路是鼓励垦荒，发展畜牧业，重视开发矿产。他还亲自经营过垦荒。顾炎武还认为，要使生产正常发展，必须刻不容缓地改革现行的赋税制度。他主张，国家的赋税征收，应从各地的实际情况出发。

由于顾炎武对中国历史有较深的研究，又有在全国各地实地考察的经历，使他洞悉了社会存在的各种弊病及其产生的原因。他把自己对社会的了解和认识，分别写进了《日知录》《钱粮论》《郡县论》和《生员论》等政论文章中。

在《郡县论》的九篇论文里，顾炎武充分肯定了秦始皇废除封王建侯之制、创立中央集权的郡县制的历史进步作用。他在文中主张对现行的郡县制度进行改革。针对"郡县之失，其专在上"的问题，他提出的办法是：中央放权应让地方政权有自己的财权、用人权，即不搞"独治"，要实行"群治"。围绕这个基本思想，顾炎武提出了以增强地方权力为目的的改革方案。尽管这套方案存在着很大的局限性，但在这些主张中，始终贯穿着顾炎武对国家、民族的强烈的关注之情。这毕竟是一种立足于革除弊端、要求进行改革的进步思想，在中国政治思想史上是一份很珍贵的精神遗产。

长期流亡不定的生活，使年近70岁的顾炎武身体日渐衰弱。1681年，顾炎武由华阴来到山西曲沃。由于旅途劳顿，不幸身患重病。康熙二十一年（1682年）一月九日凌晨，我国历史上的这位杰出学者和卓越的思想家终于与世长辞，悄悄离开了人世，享年70岁。

顾炎武曾在一首题为《精卫》的诗中，把自己比做是衔木石填海的小精卫，诗中写道："万事有不平，尔何空自苦，长将一寸身，衔木到终古。我愿平东海，身沉心不改，大海无平期，我心无绝时。呜呼！君不见，西山衔木众鸟多，鹊来燕去自成窠。"通过精卫的自问自答，诗人明

匹夫也问兴亡事
——顾炎武

确地表达了自己坚持气节、至死不渝的决心，和为了追求真理，探索救国之道，生命不息，战斗不止的志向。纵观顾炎武的一生，他确实像我国古代传说中的精卫小鸟，不安于燕雀的生活。当他认定自己的人生目标后，至死奋飞不已。

身涉万里，名满天下

《日知录》是顾炎武的代表作，书名取自《论语》："日知其所亡，月无忘其所能，可谓好学也已矣！"这部著作共32卷，以"明道""救世"为宗旨，内容包括经学、政治、经济、军事、艺文、天象、术数、历史、地理等，可以说是顾炎武一生治学的结晶。他的许多政治、经济和学术观点，都在这本书中得到较为系统的阐述。

顾炎武不单是一个伟大的爱国者，更是一个很有创见的杰出学者。在清代学术史上，他是一位继往开来的大学问家，也是中国古代思想史上占有重要地位的卓越的思想家。他的学风谨严健实，不拘成见，敢于创新，他的思想紧扣时代的脉搏，自始至终贯穿着一条爱国主义的主线。他的学术思想在当时和后世都产生了深远的影响。还在清初，顾炎武便以"身涉万里"而"名满天下"；以"行奇学博"而"负海内重望"。近代著名学者梁启超称颂他是"清学开山之祖"。直至今日，要研究中国文化思想，就不能不了解顾（炎武）、黄（宗羲）、王（夫之）三家。

顾炎武一生为学，始终抱定经世致用的宗旨，坚持主张："君子之为学也，非利己而已也。有明道淑人之心，有拨乱反正之事，知天下之势之何以流极而至于此，则思起而有以救之。"他把著书立说看作能移风易俗的百年大计。他不满当时存在于许多知识分子中间的空疏学风。这些人对日益严重的社会问题熟视无睹，置若罔闻，一心就想读书做官。针对这种学风，顾炎武提倡"博学于文，行己有耻"的为学之道。

顾炎武的伟大，更在于他的启蒙思想，他对封建王权提出了质疑，为近代民主思想埋下了伏笔。通过研究和总结中国历史，特别是明末政治，他终于把仅仅忠于一个王朝的"保国"和忠于整个国家民族的"保天下"区别开来，明确提出了"保天下者，匹夫之贱与有责焉"的重大论断，从而突破了狭隘的封建忠君思想，初步形成了不同于封建专制主义"朕即国家"观念的民主思想。正是这种思想上的进步，使顾炎武的爱国主义思想提高到前人所未达到的更高层次。

顾炎武批判宋明理学的空谈，提倡经世致用的实学。

他认为，明代理学统治地位的确立和阳明心学的泛滥，使学风的空疏发展达到极致，此为造成明朝灭亡的主要原因。因此，他对宋明理学，尤其是阳明心学，展开猛烈批判。他指出，经学即理学，理学家们言心言性，是"夫子之所罕言"，是完全与儒学传统相悖谬的。它造成了"不习六艺之文，不考百王之典，不综当代之务"，"以明心见性之空言，代修己治人之实学"的空疏学风，直接导致了"神州荡覆，宗社丘墟"的亡国惨祸。针对明末空言心性、束书不观的空虚之学，顾炎武竭力提倡经世致用之学，主张"明道救世"。他的学术活动也全然围绕着经世致用这一宗旨展开，"凡文之不关六经之旨，当世之务者，一切不为"。他的代表作《日知录》上篇经术，中篇治道，下篇博闻，"意在拨乱涤污，法古用夏"。其《天下郡国利病书》《肇域志》等也都是"感四国之多虞，耻经生之寡术"的作品。由于顾炎武为学一生以"当世之务"为念，因此，

对天文、地理、九经、诸史、河漕、兵工、山岳、风俗、吏治、财赋、典礼、制度、文物，莫不加以精究。"综贯百家，上下千载，详考其得失之故，而断之于心，笔之于书，朝章国典，民风土俗，原原本本，无不洞悉。"成为经世之学的一代宗师。

顾炎武主张限制君权"独治"，提倡农工商皆本。

在批判封建专制制度方面，顾炎武虽不及黄宗羲那样尖锐、深刻，但同样强烈反对君主独裁，主张实行"众治"。他认为，中国幅员辽阔，政事万端，"固非一人之所以能操也"。然而，专制君主出于"专大利"的自私目的，"尽天下一切之权，而收之在上"，从而导致了政治腐败，民众疾苦，国家穷困。因此，他主张"人君之于天下，不能以独治"。在他看来，限制君主专制独裁的最好办法乃是"众治"，即地方分权，为此，他提出了"寓封建于郡县之中"的著名论断。并一再倡导建乡评、存清议，对君主专制进行舆论监督。这些思想带有民主启蒙的性质。

顾炎武生长在商品经济比较发达的江南，对工商业的重要性有一定的认识，所以能够突破传统的"农本商末"思想，主张农工商皆本，发展工商业。据章太炎记载，顾炎武本人十分善于经商理财。山西的票号，就是顾炎武和傅山共同创办的，其中的经营章程，是顾炎武一手制订。后来的经营者，遵照他的章程理财，山西票号遂发展成为清朝200年的金融中心。

顾炎武在山西曲沃病逝后，养子顾衍生扶柩归里，将之安葬在祖茔。在外漂泊25年之久的顾炎武终于安息在自己的生身之地。

清风有意难留我

——王夫之

　　王夫之（1619—1692年），字而农，号姜斋，湖南衡阳人。晚年隐居于石船山（今衡阳县曲兰乡湘西村），世人尊称船山先生。他是中国朴素唯物主义思想的集大成者，与黄宗羲、顾炎武并称为明末清初三大儒。王夫之一生著述甚丰，其中以《读通鉴论》《宋论》为其代表作。

少负隽才，聪颖过人

明万历四十七年（1619年）夏历九月初一，王夫之诞生于湖南衡阳城南回雁峰王衙坪一个正趋没落的在野知识分子家庭。王夫之的父亲王朝聘，字逸生，又字修侯，世人称其为武夷先生，是一位学识丰富、品行高洁的秀才。但他的科举仕途却极为坎坷，多次参加乡试，只取为"副榜"，以后到北京国子监肄业期满，也未授予官职。他少年时跟随衡阳有名的学者伍定相学习。伍定相"为学综天文、地纪、人官、物曲、兵农、水利之书，以淹贯为主"。王朝聘又拜邹德溥为师。邹德溥是理学家邹守益之孙。邹守益先宗程朱，后师事王守仁，故学主折中，一方面讲良知，另一方面又不愿杂于禅，而兢兢于"戒惧慎独"。王朝聘受到启迪，"以真知实践为学"。王朝聘这种思想和治学宗旨，对王夫之有很大影响。王朝聘有三个儿子：长子介之，次子参之，夫之最小。王夫之出生的时候，其父已经50岁了，母亲也42岁了，两个兄长都大他10岁左右。他虽然晚生，却极为早熟，从小便"聪颖过人"，备受家人的喜爱。

王夫之还有一个叔父王廷聘（1576—1647年），字蔚仲，号牧石，是一位文史知识极为丰富的乡居学士。他在王夫之的成长过程中也起过重要的作用。在王夫之心目中，叔父是一位真正的诗人，"先生少工吟咏，晚而益工"，"仲父博识，工行楷书，古诗得建安风骨，近体逼何、李而上，深不喜竟陵体诗"。王夫之始从叔父读史，同时研习诗歌，知比偶

大清文豪故事

结构。由于父亲"于文词诗歌，不数操觚。盖以简柙性情，惧艺成之为累"，王夫之一生诗歌创作和研究著述，主要得益于叔父廷聘，并深受其影响。

王夫之家学以儒学为宗。从五世祖娴治文墨，六世祖讲性命之旨，到高祖起家儒素，曾祖名著南楚，王夫之先祖独崇儒术，不屑佛道。父亲王朝聘少年师事大儒伍定相，研及群经；问道邹德溥，以真知实践为学。万历年间，心学盛，禅学起，王夫之的父亲独宗濂洛，敦尚践履，不务顽空，"终身未尝向浮屠老子像前施一揖"。崇祯十七年（1644年）正月，武昌都督左良玉追击张献忠部至长沙，湘乡土弁杀掠衡、湘间，遗尸四野。王朝聘延请佛道教徒掩埋遗骸，但事后他对家人解释说："此亦神道设教之意，汝曹勿谓我佞佛而或效之。"王朝聘也曾与释憨山德清辨率性，"清为挫屈"。由于国故明亡，势不可为，许多明朝仕士，包括王夫之好友郭都贤、方以智、金堡、管嗣裘等，不愿向清统治者屈服，也为了避免迫害，就出家为僧，或遁入道门。因此，王夫之一生与佛道有不解之缘，多有诗文唱和和学问切磋。但是，他矢志不"逃禅"；晚岁《传家十四戒》，仍教子孙"勿为僧道"。

王夫之自幼"颖悟过人"，四岁时就与二兄参之同入家塾，跟长兄介之读书。长兄比船山大13岁，已于先年考入衡阳县学。王夫之称兄"于世故雅不欲涉"，但由于"家仅壁立"，父亲又应贡入京，不得不一边读书一边"下帷书粥"当私塾先生，以"支补"家用。父不在，长兄如父。对于两个弟弟，王介之严而又慈。崇祯元年（1628年），王夫之10岁，开始跟随父亲学习经义。此后数年，少年王夫之大量阅读古代哲学与史学经籍。经学是封建科举的敲门砖。广博的经学阅读，深厚的经学根底，为王夫之举业打下了扎实的经学基础。崇祯五年（1632年），14岁的王夫之一举考中秀才。由于他"智慧早开，才气横溢"，被湖广提学佥事王志坚选拔到衡阳县学深造。这一年，王朝聘自京师罢谒选拂袖而归。少年王夫之初试顺意，无疑给他莫大安慰。次年夏，15岁的王夫之同两位哥哥到武昌应乡试，都没有考取。九月返乡后，王夫之回到县学继续学习。在县学的四年中，他饱览县学藏书，一心进学，两次县学考试都名列第一，深得县学主教、湖广提学佥事水佳允赏识。

崇祯十年（1637年）春，王夫之迎娶同邑处士陶万吾之女，是为陶夫人。陶夫人出身富庶，但从不因此而乖戾娇纵。王夫之好友、南明唐王隆武翰林刘明遇赞道："妻陶孺人，产衡阳千亩侯，赀累巨万，作合于清灯布缕之孝廉，而不挟富以骄其夫家。常则膏沐盥漱，闻鸡戒旦；乱则抱形负影，生死相怜。女中之有须眉气、有铁石心者。"

崇祯十一年（1638年），王夫之来到省城长沙，在岳麓书院读书。岳麓书院久负盛名，是南宋朱熹、张栻讲学的故地，湖湘学派的摇篮。当时主教岳麓书院的山长是"以朱张为宗"、为学主张经世致用、和东林学派遥相呼应的著名学者吴道行。王夫之求学岳麓书院师从吴道行期间，深受书院经世致用学风和爱国主义传统的影响，对他以后学术思想的形成起了很大的作用。

王夫之生在晚明社会动荡、危机四伏的年代。一方面，他少负隽才，聪颖过人；另一方面，他并不是一个死读书的学院派文人，生活在明清交际的时代，王夫之敏锐地察觉到这样一个动荡的时代赋予他肩头的重任。于是，他广交朋友，积极参加结社活动，时刻关心时局，从小就立下救国之志。

参加抗清，世事维艰

崇祯十七年（1644年）五月，王夫之听到李自成指挥大顺军攻入北京、崇祯帝自缢和宁远总兵吴三桂引清兵入关，以及清统治者进入北京等消息，非常震惊，"数日不食，作《悲愤诗》一百韵，吟已辄哭"。不久，王夫之听说福王朱由崧在南京即位（即弘光帝），感到十分激奋。十月，他赴东安访友，了解到弘光朝廷的君臣对占据北京并调兵南下的满洲贵族缺乏警戒，不禁发出了"击楫意不伸，臣浪终难弭"的慨叹，表现了对时局的深忧。在这种心情的支配下，他决定继续在南岳的深山中隐居，并在那"层峦耸翠，瀑布飞溅""景色清幽，人迹罕至"的莲花峰的半山腰建造"续梦庵"，作为自己和父母等的"避兵常居之所"。

顺治二年（1645年）夏，明湖广提学道堵胤锡兴修南岳的二贤祠（祀朱熹、张栻），嘱咐王夫之和王介之、夏汝弼经营其事，增建前栋。不久，王夫之听说清军攻破南京，弘光帝在芜湖被俘，续写了《悲愤诗》一百韵。闰六月，南明驻扎于衡山燕子窝的黄朝宣部和驻扎于攸县的张先璧部，肆行抢掠，"弱肉强食"，当地和邻近地区的人民，备受荼毒。王夫之和二哥参之侍奉父亲王朝聘到末阳、兴宁（即资兴县）和永兴避难。十一月，他们才回到南岳"续梦庵"。适堵胤锡重建方广寺，便托王夫之和王介之、管嗣裘、夏汝弼襄助。

顺治三年（1646年），王夫之开始研读《周易》。他将研读《周易》

的一些心得，分别写成札记（后编为《周易稗疏》），为以后进行系统的探索作好准备。接着，他编纂《莲花志》五卷，对南岳莲花峰的"沿革""形胜""古迹""名游""祀典""禅宿""物产"等，都作了简明的叙述。三月，王夫之到湘乡访友。他通过耳闻目见，觉得湖广地区存在着危机：南明湖广总督何腾蛟于上年九月接受了大顺军将领刘体纯、袁宗第、郝摇旗等联合抗清的要求。

不久，何又同意与统率大顺军主力部队的李锦、高一功和李自成之妻高氏联合抗清，并奏准隆武帝（南明第二任皇帝），将这一部分大顺军称为"忠贞营"，由提学道堵胤锡负责"节制"。隆武帝擢堵胤锡为金都御史，巡抚湖广。由于湖广地区驻军近百万（包括南明部队和大顺军），筹划粮饷，极为困难，因而何腾蛟便创办"义饷"，增加租税，每亩田地较原额增加五倍多，仍不敷开支，又预征两年的钱粮。"赇吏承风，追呼每剧，又开告讦，籍没民财充饷，旦夕倾数十家以为常。"弄得物议纷腾，人心动摇。同时，何腾蛟和堵胤锡各为督师（何为湖南督师，堵为湖北督师），存在矛盾，互相倾轧，这对于开展抗清斗争，是极不利的。王夫之了解到上述情况，非常焦急，就冒着"盛夏"的酷热，前往湘阴，会见了湖北巡抚章旷（王夫之于崇祯十五年参加乡试时的房考官）"指画兵食，请调和南北督师，防溃变"。对于筹划"兵食"一事，章旷只是点点头，而对于王夫之请求他调解何腾蛟和堵胤锡之间的矛盾，他却有所讳忌，竟对王夫之说："本无异同，不必过虑。"王夫之不敢再说，就失望地回去了。

王夫之提出的意见，章旷并未付诸实现（当然，也难以实现），所以他忧虑的问题终于发生。一方面，苛峻的征敛仍未能满足境内驻军的粮饷的需要，那些驻军（主要是南明原有的军队）就肆行劫掠，大失民心，而刘体纯、袁宗第率领的大顺军，则因缺乏粮饷而考虑脱离何腾蛟（冬，刘、袁率军离开长沙北上）；另一方面，何腾蛟和堵胤锡之间的矛盾未能解决，而"两府幕宾，半无赖士，益相构煽，遂成猜离，湖南北不相协应，而瓦解之形势成矣"。

九月，王夫之得到隆武帝于汀州（治今福建长汀）被清军擒杀的消息，又续作《悲愤诗》一百韵。此时，王朝聘也很悲痛，为了假经术以议政，他命王夫之记录他关于《春秋》的学说。他认为胡安国所著《春秋传》中的一些内容，如强调"兵权不可以假人"，旨在重"内防"而"削指臂之势"，乃是"以赵普猜制之术说《春秋》"，对后世十分有害；又如沿袭刘向、刘歆"尚变复"的观点而"核灾异，指事应"，也是荒谬的。因此，他要王夫之把他这些研究《春秋》的见解记录下来，以期有裨于世。当时王夫之只录其梗概，作为以后撰写专著的基础。十一月初四，王夫之的妻子陶氏病故，年仅25岁。

顺治四年（1647年）四月，王夫之听说永历帝（南明第三任皇帝）因清军的追攻而辗转来到武冈，感到很兴奋，就和好友夏汝弼商量，决定奔往辰、沅（今湖南辰溪、沅陵一带），寻找督师堵胤锡，想通过堵的推荐，然后前往武冈，在永历朝廷供职，为抗清事业出力。不料刚走到车驾山（在湘阴县西南九十里），因大雨连绵，风雷交加，道路泥泞，难以行走，就被迫停留下来。正当他们困顿不堪时，忽然遇到当地士人萧常赓。

萧和夏汝弼是旧相识，就邀他们到自己家里去，"破壁相容"。由于孔有德率领清军经长沙攻入湘潭，侦逻四出，人人自危，王夫之就和夏汝弼"披榛径"，登上了"特立于群山之表"的白石峰，在那里躲藏。八月十四日，王夫之的二哥王参之病亡。王朝聘于悲伤之际，写信将此事告知王夫之，并叮嘱："汝若自爱，切不须归，勿以我为念。"寄出这封信的

清风有意难留我——王夫之

第二天，王朝聘也病倒了。王夫之收到父亲的信后，获悉家中变故，心里非常不安，就日夜奔波，回到了家里。他的大哥王介之已"跟跄先归"。王朝聘见两个儿子都冒险回来，很不高兴，立刻叫人抬了他，和妻子谭氏及两个儿子到南岳潜圣峰居住，以免儿子遭受清统治者及其爪牙的迫害。

十一月十八日王朝聘逝世，年78岁。他病危时叮嘱王夫之兄弟：他死后，要把他葬在这"幽迥远人间"的山麓，勿载"遗形过城市，与腥臊相涉"。这几句话，充分表现了王朝聘仇恨清统治者的思想，这对王夫之兄弟产生了深刻的影响。

王夫之自父亲死后，就和母亲谭氏及侄儿王敉（王参之长子）隐居于南岳莲花峰的"续梦庵"。他遵礼"守制"，一面潜心研究《周易》，一面注视着时局的发展，期待着出现有利的时机去参加抗清斗争。

顺治五年（1648年）十月，湖广总督何腾蛟趁着清江西提督金声桓、副总兵王得仁和广东提督李成栋先后叛清归明、牵制了清统治者的很大兵力的机会而发动反攻，收复了湖南很多州县。王夫之见抗清形势好转，也和夏汝弼、管嗣箕、管嗣裘及僧性翰密商，在南岳方广寺组织起义，成立了起义军（夏汝弼因母病和母死后办丧事，没有在军中）。但机事不密，起义军正要进行战斗，却被那充当清统治者鹰犬的湘潭人尹长民袭击，致遭溃败。性翰受重伤，王夫之脱逃。这次起义失败，王夫之受到很大的刺激，他后来追忆此事，还说："虽云与仇战者，败亦非辱，而志事不遂，亦何荣耶！"

王夫之在衡山起义失败后，为了避免清统治者的缉捕，就带着侄儿王敉奔往永历帝的都城——肇庆。王夫之到肇庆后，堵胤锡（当时以武英殿大学士督师常德）奏荐他为翰林院庶吉士，但他因正在"守制"，同时看到永历朝廷的一些官僚苟且偷安、营私舞弊，感到很失望，就坚决地推辞了。

顺治六年（1649年）春，王夫之了解到永历朝廷的大臣，只有以文渊阁大学士、太子少保督师于桂林的瞿式耜，力主抗清，锐意兴复，他甚为钦佩，就离开肇庆，赴桂林暂居。这时，江西金声桓、王得仁兵败身亡，而从广东率军赴赣支援的李成栋也在信丰战败渡河时溺死，致使江西又被清军占领。

与此同时，何腾蛟在湘潭被清军袭擒杀害，南明各军相继溃退，致使湖南又遭沦陷。王夫之了解这种情况后，不仅忧心国事，而且对处于清军践踏下的家乡和他的母亲，非常挂念。因之，他便于初夏时和王敉离开桂林回家乡去。他先到南岳莲花峰的"续梦庵"，清理残书，然后携带自己近数年来所写的诗稿《买薇集》，前往衡阳县西长乐乡石仙岭。

这时他的母亲谭氏居住在岭下很荒僻的"耐园"，由其长子王介之赡养。不料到达那里时，"土人弄兵"，欲杀害王夫之，虽然王夫之逃匿脱险，但家中财物却被抢劫一空，连诗稿《买薇集》也被抢去了。谭氏担心王夫之的安全，命他立刻离境。他只得又和王敉前往肇庆。不久，到了桂林，寓居于曾和他"相雅善"的张同敞的"小东皋"里。张同敞是瞿式耜的好友，由于他的宣扬，因而瞿式耜便推荐王夫之和汪郊等一起参加"阁试"，以便永历朝廷正式授予官职。王夫之闻讯后，上疏请准"终制"。他在桂林，结识了富有爱国思想、精研自然科学的有名学者方以智。当时方隐居于平乐之平西村，王夫之与之"常相闻问"。

顺治七年（1650年）二月十八日，王夫之守丧期满，瞿式耜推荐他为永历朝廷行人司行人。这时，永历帝因清军攻破南雄和韶州，已仓皇地逃到梧州，以舟为宫殿。尽管时局极为动荡，但永历朝廷的党争却趋于白热化。

清风有意难留我
——王夫之

二月初旬，"吴党"中的吴贞毓、郭之奇、程源、万翱等，在党魁朱天麟（东阁大学士、礼部尚书）、王化澄（东阁大学士、兵部尚书）的指使和梧州总兵陈邦傅的支持下，对主张"厘纲纪，慎黜陟，重名器"的被诋为"五虎"的"楚党"袁彭年、刘湘客、丁时魁、蒙正发、金堡进行猛烈的攻击，上疏控告他们"把持朝政，罔上行私，罪当死"。永历帝以袁彭年劝李成栋"反正有功，置勿问"，而将其余四人廷杖各八十。金堡被杖时，"受刑独重"，腿竟残。廷杖后，永历帝命将四人下锦衣卫北镇抚司狱，并写下"密旨"给主持审讯的张凤鸣（都督），令其将金堡杀害。

王夫之听说"楚党"遭受这样的灾难，连忙从桂林赶到梧州就职，决定尽力营救。他和好友管嗣裘（中书舍人）同去谒见比较清廉正直的内阁首辅严起恒，请求严向永历帝进谏，不要杀害金堡等，否则，"志士解体"，谁也不会奔赴国难了。严起恒听了这话，很受感动，就立刻"请对，不得入"。又"跪沙滨申救"，谓"谏臣非今所宜谴，严刑非今所宜用，请贷堡等"。永历帝不理睬。与此同时，瞿式耜也"亢疏申理"，永历帝仍"不听"。

三月，王化澄"入直"（官员入宫值班），他为了排挤严起恒，就于四月间和朱天麟（时永历帝敕召入直）一道唆使刑科右给事中雷得复奏称严起恒"奸逾严嵩，结虎招权，谋危社稷，买黄金通房，拒杀诏使"。眼看严起恒就要遭受迫害了，王夫之"悲愤有怀，不能自匿"，决定进行"死诤"，就和董云骧（亦任行人司行人）上疏，谓"大臣进退有礼，请权允辅臣之去，勿使再中奸毒，重辱国而灰天下之心"。

不久，永历帝下诏，以王夫之"职非言官"而奏事，严词加以指责。

"吴党"中的万翱、鲁可藻又奏请逮治王夫之。这时，握有兵柄的焦琏、马进忠、赵印选、曹志建等相继上疏反对大兴党狱；而"忠贞营"统帅高必正，在五月间入见永历帝时说，"阁臣严起恒虚公，宜专委用，金堡等处分过当"，并面责王化澄"徇私植党"。对于万翱、鲁可藻的奏请逮治王夫之，高必正也"力争不可"，这样才使万、鲁的阴谋未能得逞。

由于焦琏、高必正等将领力救金堡等，永历帝不得不免除金堡的死罪，改为削职远戍，同时释放刘湘客、蒙正发、丁时魁。但是，"吴党"对于同情金堡等和支持严起恒的王夫之，却切齿痛恨，决定伺机构陷。恰巧攸县一狂人作《百梅诗》一首，假冒王夫之的名义为之作序。王化澄看了这篇序，认为词语不逊，就想制造文字狱，把王夫之害死。王夫之受冤难伸，"愤激咯血"。幸亏高必正极力营救，永历帝才批准王夫之休假，事实上就是撤销他的"行人司行人"的官职。

七月，王夫之和侄儿王敉，离开梧州，前往桂林投奔瞿式耜。他经人介绍，与郑氏（襄阳郑仪珂之女）结婚。不久他接到家信，知道母亲谭氏害病，就在清军逼近桂林时，决定和妻子郑氏及侄儿王敉一道返湘，但因"霪雨六十日，不能取道"，延至次年（顺治八年）正月返家，母亲早已去世。

他遵礼守制。顺治九年（1652年）二月，他和大哥介之避居耶姜山（又名大云山，跨衡阳、祁阳、邵阳三县）。四月，大西军对清朝发动猛烈的进攻，李定国在率军横扫广西后由永州攻入衡阳，他派人邀请王夫之参加抗清工作。王夫之虽然对李定国"屡有克捷，兵威震耳"表示钦佩，但他认为大西军的首脑孙可望挟制永历帝，"拂君臣之大义"，因而不可"托足"。于是，他辞却李定国的邀请。次年正月，又有人邀他赴安隆。他经过深思熟虑，觉得孙可望还是不足有为而不愿贸然前往。他作《章灵赋》，抒写自己"退伏幽栖，俟曙而鸣"的思想感情。

清风有意难留我
——王夫之

隐居著述，名垂青史

明清更迭，天崩地裂，王夫之独有的遗民人格和遗民情结，使得他具有一种强烈的"民胞物与"的儒者情怀和拯救民族文化的使命。确切地说，明王朝的覆灭，落后民族对先进民族的征服，迫使他重新认识、重新定位，并试图重新建构自己的民族文化。然而，他所面对的是到处潜伏的清政府缉捕的危险，是极其恶劣的物质生活条件和写作条件，以及颠沛流离的流亡生涯。

顺治十年（1653年），李定国遭清军进击、孙可望逼迫，率军撤离湖南，清王朝恢复了在湖南的严酷统治。不仅一些曾经响应大西军的百姓和怀有抗清复明之志的明遗臣遭缉捕杀害，而且谕旨"留发不留头，留头不留发"，清统治者严令每个汉人男子仿效满族的习俗剃发蓄辫。王夫之誓死抵抗剃发，于顺治十一年（1654年）八月，泛宅避居于零陵北洞钓竹源、云台山等处。冬至，徙居常宁县西南小祇园侧西庄源。为避清政府耳目，他改姓名，变衣着，自称是瑶人。从这年到顺治十四年（1657年）春，前后约三年，他辗转迁徙，艰苦备尝，常常不得不蜷伏藏匿在荒崖绝壑的苗、瑶山洞中。虽然幸亏有当地隐士王文俨接济，但还是不得不赖采集野菜勉强维持生计。

王夫之在其流亡中最艰辛的岁月，却慨然兴起，实现了人生中最重大的一次思想转折。流寓常宁西庄源时，他已经开始以教书为生。次年，又转徙到晋宁山中，借住在僧寺庙宇里，为从游者说《春秋》，授徒讲学，主要阐述《春秋》中的民族大义。在这种孤独、困苦的流亡生活中，王夫之逐渐锤炼了自己的心境，顺治十二年（1655年）在晋宁荒山破庙中，王夫之一面教书糊口，一面开始撰写《周易外传》，这也是他多年来在忧患中研求义理的第一部成果。这本书以哲学思辨的形式，深刻地反映了明清之际复杂的社会矛盾运动以及王夫之个人"出入于险阻"的生命体验。这一年的八月，王夫之又写成了《老子衍》。康熙四年（1665年）三月，王夫之更是写出了《黄书》这部深入总结民族败亡的历史和现实教训的政论著作，猛烈抨击"孤秦""陋宋"等君主专制政体，提出"公其心，去其危，尽中区之智力，治轩辕之天下"的政治改革主张。

顺治十四年（1657年）四月，清朝统治者在其所占领地区基本上巩固了政权之后，就一方面"大赦天下"，诏行"轻徭薄赋"；另一方面调集兵力，进攻永历政权所据的云南、贵州。在这种情况下，湖南地区的社会秩序得到了相对的稳定。于是，王夫之就带着妻子郑氏和出生不满一岁的儿子回到了南岳莲花峰下的续梦庵。次年九月，他40岁，写出了叙述家世情况的《家世节录》。

顺治十七年（1660年）初夏，他迁居湘西金兰乡高节里，在茱萸塘营筑茅屋。南明永历帝于顺治十六年奔缅。永历帝奔缅以前，船山名其居为"续梦庵"，表示希望未绝；奔缅以后，名其居曰"败叶庐"，则无疑心灰已极。十七年冬，吴三桂穷追永历政府到缅甸，逼迫缅甸国王献出了永历帝。十八年四月，吴三桂弑永历帝于昆明，几位斗争到底的民族英雄，如李定国、李来亨、白文选，都先后殉国。至此，南明永历政权历时15年。在败叶庐惊闻南明最后一个政权从此覆灭，王夫之悲痛至极，又写了《续悲愤诗》一百韵。同年六月，还发生了一件不幸的事，就是几年来

清风有意难留我
——王夫之

与他共度忧患、对他关怀备至、年仅29岁的妻子患病逝世。王夫之不胜悲伤，登岳峰悼亡妻，痛吟《岳峰悼亡四首》《续哀雨诗四首》。这一年，王夫之44岁。

康熙七年（1668年），王夫之50岁，成《春秋家说》三卷、《春秋世论》五卷。次年，成《续春秋左氏传博议》二卷、《姜斋五十自定稿》一卷。据《春秋家说》王夫之自序可知，其大义得于父亲，故名为《家说》。康熙十年（1671年），王夫之53岁，成《诗广传》初稿五卷。这是王夫之读《诗经》时写下来的一些杂感性文字。从个人的哲学、历史、政治、伦理和文学的观点出发，对《诗经》各篇加以义理引申，所以叫作《诗广传》。次年，重定《老子衍》。可惜，这部定本于次年被学生唐端笏携归家后，不慎遭火灾焚毁。今本《老子衍》为其37岁时初稿。康熙十二年（1673年），王夫之55岁，成《礼记章句》初稿，并于四年后详为整理，成四十九卷定稿。康熙十五年（1676年），王夫之58岁，成《周易大象解》一卷。本书是其义理派易学的第二部重要著作。距前作《周易外传》已有21年。在这么长的岁月之中，他对《周易》研究已经十分成熟，所以本书虽薄薄一卷，而内容包罗甚广，精义也多。

康熙十七年（1678年）三月，正当他埋头于《庄子》研究时，吴三桂称帝于衡州，准备祀天即位，并示意部下物色名手撰写《劝进表》。有人推荐王夫之执笔，吴三桂立即派人去请他。幕僚刚刚说明来意，王夫之便言辞激烈地拒绝了那人，来者只好悻悻地走了。

康熙十八年（1679年），王夫之61岁，在避清兵于穷山之中时仍不懈著述，成《庄子通》一卷。这是王夫之研究《庄子》的第一部著作。《自序》说："凡庄生之说，皆可因以通君子之道。""然而予固非庄生之徒也。"这是说，儒与庄是可以相通的，但自己毕竟不是庄生之徒。《庄子通》的主旨即是援儒入庄，阐扬和发挥《庄子》的思想。

　　康熙二十年（1681年），王夫之63岁，虽春夏之间两度卧病，仍成《庄子解》三十三卷。这是王夫之研究《庄子》的第二部著作，也是王夫之关于《庄子》的最详尽的著作。王夫之解说《庄子》，注意的是《庄子》的思想内容及其思想方法。每篇之首，冠以篇解，综括全篇大意；每段之后，加以解说，企图把庄子的思维过程描绘出来。他认为，《寓言》篇和《天下》篇为全书的序例，非庄子本人不能写出。他断定，内七篇是庄子原著；惠施是庄子的唯一知己，二人生平相互辩论，可能这七篇文字就是因惠施而作。关于《外篇》，他认为不是庄子之书，也非出于一人之手，而是庄子的门徒后学各以己意引申发挥而成。

　　康熙二十一年（1682年），王夫之64岁，成《说文广义》三卷、《噩梦》一卷。次年正月，成《经义》一卷。此书收王夫之晚年所作科举文字三十九篇，前三十篇题出《学》《论》《庸》《孟》，后九篇题出《易》《书》《诗》《春秋》《礼记》，统为九经，因此题名《经义》。王夫之一生与会试无缘，深恶铨法大坏，但因系儒家经典，至晚年也未完全否定科举之业。

　　康熙二十四年（1685年），王夫之67岁，成《张子正蒙注》九卷、《楚辞通释》十四卷，并抱病为从游诸子撰《周易内传》六卷、《周易内传发例》一卷。王夫之哲学思想，受张载的影响最大。王夫之对《正蒙》一书，推崇备至，并将张载比之孟子。

　　康熙二十五年（1686年），王夫之68岁，又大病垂危，幸免于死。然而，王夫之仍奋力笔耕：五月，跋《耐园家训》。六月，书《传家十四戒》。七月，追忆29岁以前十余年诗作，成《忆得》一卷。八月，重订《周易内传》《周易内传发例》。秋，撰《石崖先生传略》。冬，抱病

清风有意难留我
——王夫之

赴长兄石崖公殡事，归作《哀鸿赋》。次年，王夫之69岁，始撰《读通鉴论》。这一年，他的咳喘病愈益严重。九月，抱病送长兄介之灵柩入土，归后再也没有离开过草堂。

康熙二十七年（1688年），王夫之70岁，成《南窗漫记》一卷、《姜斋七十自定稿》一卷，重订《四书训义》三十八卷。次年，衰病之中又著《识小录》一卷，重订《尚书引义》六卷。九月，长沙刘思肯专程来为其画肖像，船山词《鹧鸪天》自题肖像云：

> 把镜相看认不来，问人云此是姜斋。龟于朽后随人卜，梦未圆时莫浪猜。
>
> 谁笔仗，此形骸，闲愁输汝两眉开。铅华未落君还在，我自从天乞活埋。

随后，自撰墓志铭：

> 有明遗臣行人王夫之字而农葬于此，其左侧其继配襄阳郑氏之所祔也。自为铭曰：
> 抱刘越石之孤愤而命无从致，希张衡渠之正学而力不能企。幸全归于兹丘，固衔恤以永世。

显然，王夫之在为自己准备后事。同时，也在为自己后半生所寓志的学术著述作最后的、也是最艰难的努力。康熙二十九年（1690年），王夫之72岁，在整理汇编各种诗文评选的基础上，成文学批评概论《夕堂永日绪论》二卷，并重订《张子正蒙注》九卷。次年，咳喘中定稿《读通鉴论》三十卷、《宋论》十五卷。完稿时，距其长逝仅八个月。深秋之际，作《船山记》，深深表达了他对人生最后选定的住地、并居住长达17年之久的石船山这山这水的无限眷恋。

> 船山，山之岑有石如船，顽石也，而以之名。其冈童，其溪渴，其靳有之木不给于荣，其草瘴靡纷披而恒若凋，其田纵横相错而陇首不立，其沼凝浊以停而屡竭其濒，其前交蔽以阒送远之目，其右迤于平芜而不足以幽，其良禽过而不栖，其内趾之狞者与人肩摩而不忌，其农习视其塍埒之坍谬而不修，其俗旷百世而不知琴书之号。然而予之历溪山者十百，其足以栖神怡虑者往往不乏，顾于此阅寒暑者十有七，而将毕命焉，因曰：此吾山也。

就这一点来说，他可没有预料到。人以山名，山因人名。由于寓居石船山著述以终，且自号"船山"，学者尊王夫之为"船山先生"；石船山则因"船山先生"在中国学术史上的卓越贡献、享誉青史而名播海内外。

康熙三十一年正月初二日午时（1692年2月18日），王夫之长逝于湘西草堂，享年74岁。十月，葬衡阳金兰乡高节里大罗山（距草堂约8里）。旷世大儒王夫之就此离开了人世。

总之，从36岁决意林泉，潜心学术，到74岁与世长辞，王夫之在极其艰难苦险的条件下刻苦研究、勤恳著述近40年，虽饥寒交迫，生死当前，从不改变自己的志向。由于贫困买不起纸张，只好四处向朋友求借。晚年，他体弱多病，甚至不能起床，手腕麻木，不能握笔，却依然把笔墨纸砚放在卧榻旁，十分费力地写作。王夫之学识极其渊博，举凡经学、史

清风有意难留我
——王夫之

学、子学、哲学、文学、政治、经济、法律、伦理等学问造诣无不精深，天文、历数、医理、兵法乃至卜筮、星相也旁涉兼通，且留心当时传入的"西学"。他对整个中国文化的影响可谓是空前的。

笔下鬼狐亦有情

——蒲松龄

　　蒲松龄（1640—1715年），字留仙，又字剑臣，号柳泉居士。山东淄川蒲家庄（今山东淄川）人，生于明崇祯十三年（1640年），卒于康熙五十四年（1715年），终年76岁。清代短篇小说大家，他创作的《聊斋志异》是中国古代文言短篇小说创作的最高峰，在世界也享有盛誉。

　　蒲松龄少年勤学，19岁便考中秀才、颇负文名。可是此后，他虽然屡应山东乡试，却连连落第，反反复复考了44年。也未中举，始终没能挤入官场。这是他最大的遗憾，但正因如此，他不必受逢迎之累、案牍之劳，让思想自由地飞翔。他写着狐言，记着鬼话，"空老于林泉之下"，最终写成不朽的《聊斋志异》。多少帝王将相被人遗忘，他却活在世人心里。不幸耶？幸耶？

清贫气傲，不合时宜

蒲松龄出生于世居淄川的书香门第，祖上多读书之人，但功名一直不显。到其父蒲槃时，被迫弃儒经商，后来家境好转，蒲槃便亲自教子读书。蒲松龄小时候家境还比较宽裕，蒲氏四兄弟中数蒲松龄最为聪颖，且勤于攻读。顺治十五年（1658年），19岁的蒲松龄初应童子试，"即以县、府、道三个第一，补博士弟子员，文名籍籍诸生间"。

淄川山川灵秀，人杰地灵。蒲家庄东的柳树下有一口柳泉，因水满而溢，故又名"满井"。这也是蒲松龄自号柳泉居士的来历。柳泉水滋养了少年的蒲松龄。入学后的他少年得志，并得到时任山东学政的清初文坛大家施闰章的赏识。在父兄的荫庇下，蒲松龄度过了几年悠闲安定的读书岁月，对未来的生活充满了希望。

青年时代的蒲松龄，虽然致力于科考功名，希望博得第一，置身青云，然而他不是迂腐庸陋的书呆子。深湛的文学功底，对乡村生活的真切体验，还使他在准备科考的同时，对民间的传说故事以及当地农民群众中流行的通俗俚曲抱有浓厚的兴趣，甚至还亲自作曲。蒲松龄一生作有许多小曲和十四种俗曲，其中有相当部分是他青少年时写就的。与此同时，蒲松龄"雅爱搜神"的凤趣也在潜滋暗长，并可能开始了《聊斋志异》的创作。

但是，这注定是一条荆棘丛生的道路。在古代社会，学而优则仕，读书人只有参加科举，求得功名，才能成为统治阶层的一员。写小说、俗曲，研究神怪，能有什么出路呢？而且小说的笔法、格调与八股制艺文章大相径庭，前者需要的是对人情世态的洞察，是发自内心的性灵文字；后者却是一些官方认可的伦理教条，个人丝毫不敢随意发挥，写八股文其实是戴着镣铐跳舞。

八股制艺面目可憎，但它是求温饱、求闻达的阶梯，读书人不可不学。蒲松龄一直就生活在矛盾和苦闷之中。在一个思想禁锢、令人窒息的社会，有个性的人都是异类，要么磨平棱角，去适应这个社会；要么处处碰壁，过着困顿潦倒的一生。明代的李贽、徐渭，清代的曹雪芹、蒲松龄莫不如此。不过，文章憎命达，他们饱受苦难，最终把内心的痛苦酿成了美酒，留给了后人。

蒲松龄18岁时娶刘氏为妻，与父母兄弟生活在一个大家庭里，开始的几年里，因为有老父维持，他不必太多为家务操心，所以可以专心研读经义，准备岁考、乡试，或者搜奇志怪，或者与友人酬唱吟咏，日子尚不至于太艰难。可是以后，兄弟四人都娶妻生子，就难免妯娌不和，不断发生家庭纠纷，以致有婆媳交恶的事。年迈的父亲见此情形，便在康熙四年（1665年）让他们兄弟分家了。

蒲松龄在他晚年写的《述刘氏行实》一文中说，他的妻子刘氏是一位温和、善良的农村妇女。当年的分家很不公平，哥哥、弟弟们都分到了宽敞向阳、高大结实的住房，而他只分到村口三间破烂的场屋，四周墙皮剥落，屋顶茅草朽败，而且连院墙也没有。但刘氏像痴傻一样，没有埋怨一声。这一年，蒲松龄26岁。

分家以后，蒲松龄年年在外游学，家里全由刘氏操持。而且除已出生的长子蒲箬外，分家当年，刘氏又生下一个女儿，三年后，又生下第二

笔下鬼狐亦有情
——蒲松龄

个儿子蒲筵。生活越来越艰难，蒲松龄渐渐支持不住了，于是在康熙九年（1670年）秋，应同邑友人、宝应知县孙蕙的聘请，辞亲远游，为人作幕。这年他31岁。

宝应今属江苏盐城。蒲松龄拜别老母，辞别妻儿，出青石关，经莱芜，过沂水，横渡黄河，抵达宝应县衙，开始了为期一年的书启师爷的生涯。

孙蕙是个有诗人气质的官僚，与蒲松龄又是同乡旧交，所以宾主之间不拘形迹。关系很融洽。两人经常泛舟运河，南下扬州，酌酒唱和，写了不少应答诗。他还在宝应结交了一位叫刘孔集的朋友，二人情投意合，常常联吟赋诗。

南游做幕，是清贫气傲的蒲松龄第一次，也是唯一一次混迹于官场。他睁大眼睛，看清了吏治的黑暗，达官贵人的醉生梦死，平民百姓的啼饥号寒。同时，对孙蕙体恤民苦，忤触上司，因而受到弹劾，也表示了深切的同情。这一年里，蒲松龄代孙蕙作了许多书启，集为《鹤轩笔札》八十篇。这些文字，虽然是代人应酬之作，但蒲松龄是用文章家的笔法来作应用文的，不仅语气得体，符合人物身份地位，而且文词雅洁，富有文学色彩，与一般应酬文字的刻板、机械绝不相同，不是一般的文牍师爷能作出来的。

孙蕙收留了他，解决了他的生计问题，蒲松龄对此也很感激，但他内心对科举还抱有幻想，做幕宾毕竟难以有所成就，总有壮志难酬之感。于是，一年之后，蒲松龄便毅然辞幕返乡了。

科举无望，坐馆授徒

康熙十年（1671年）秋，蒲松龄乘一叶扁舟渡过黄河，披星戴月，冒雨回到家里。这时已是八月。侄子觉斯、矗斯请他去饮酒。骨肉团聚，格外亲切，蒲松龄高兴地当场赋诗，一方面把光宗耀祖的希望寄托到子侄们身上，另一方面又说"消磨未尽只雄心"，表示自己还要在科举上角逐一番。

第二年，蒲松龄再去济南应乡试，又铩羽而归。这次是带了孙蕙的荐书去的，然而孙蕙的荐举和蒲松龄的才华同样不起作用。蒲松龄内心非常痛苦，在《寄孙树百》的三首七律诗中说："歧途惆怅将焉往？痛苦遥追阮嗣宗"，"途穷只觉风波险，亲老惟忧富贵愁"。阮嗣宗就是魏晋名士阮籍，他经常坐着马车任由车子前行，走到前方没有路了，便放声大哭。从这些诗里，反映了当时的蒲松龄正面临生活的窘境。

科举无望，生计维艰，又不愿为人做幕，摆在蒲松龄面前的，也只有去缙绅人家坐馆一条路了。于是，大约从康熙十二年（1673年）34岁起，蒲松龄开始了长达近40年的塾师生涯。

康熙十二年至十四年（1673—1675年），蒲松龄在本邑城北十里的王敷政家坐馆。王家是淄川的名门望族，蒲松龄在王家坐馆，得到了比较好的待遇。他与王敷政的几个弟弟一正、居正、观正、体正等经常以诗歌唱和，所谓"伯仲文章皆大雅，主宾词赋尽风流"，相处得颇为融洽。

笔下鬼狐亦有情
——蒲松龄

在王氏兄弟中，与蒲松龄最相契的是王观正。王观正字觐光，号如水。蒲松龄到王家时，他年仅弱冠，虽身为贵胄，但重道义，爱读书，也颇有些才情。而且他进学后也未能中举，在家庭中又不像兄长们那样别有所营，所以与蒲松龄比较投合。王如水既敬佩蒲松龄的才学，又同情他的怀才不遇，时常安慰他，并且可能给过他一些生活上的照顾和帮助，这就使正处于困顿之中的蒲松龄产生了知己之感，两人相处日久，感情益深。康熙十九年（1680年）四月，蒲松龄丧母，当时正值荒年，兄弟们仓促之间无钱营葬，又借贷无门。王如水闻讯后，尽管自己并不富裕，仍然解囊相助，这件事使蒲松龄铭感于心，终生不忘。王如水死后，蒲松龄作过《梦王如水》的悼诗，感情非常沉痛。

南游归来，在穷困潦倒的岁月中，除了与王氏兄弟、昔日的郢中社友往来外，蒲松龄还结识了两位身居高位的同邑前辈——高珩和唐梦赉。

高珩，字葱佩，号念东，是大诗人王士禛的表兄。明末进士，授翰林院庶吉士，入清后为国子监祭酒、刑部侍郎。高珩是蒲松龄好友张笃庆的岳父，和蒲松龄也有点亲戚关系，蒲松龄因此得以与他相识。高珩还曾写过信嘱咐淄川县令关照蒲松龄。康熙十一年（1672年），高珩告假归里，两人的交往逐渐密切起来。康熙十八年（1679年）春，蒲松龄《聊斋志异》初次结集，自作《聊斋自志》，高珩随即写了一篇序，阐述《聊斋志异》的特点和功用，加以推奖，他是第一个为这部著作作序的人。

唐梦赉，字济武，因在淄川豹山营有庄舍，自号豹岩。顺治六年（1649年）进士，授翰林院庶吉士，散馆，晋秩检讨。后因得罪，被放归田里。唐梦赉罢官归里时，年仅26岁，此后40余年，优游林下，过着富裕、闲散的缙绅生活。他读书广博，为人也比较正直，虽然身居林下，却不甘寂寞，常常关心当地的政事民瘼，喜欢"接引寒儒，提掖后进"。蒲松龄曾受命为他作生志，后来在《为众绅祭唐太史文》中称赞唐梦赉"雅爱文人，尤怜才士，苟一艺之微长，辄称扬而不置"。这是因为蒲松龄在寒窘伶仃的情况下，曾受过唐梦赉的垂顾、褒奖，两人成为比较默契的文字之交。《聊斋志异》结集时，唐梦赉也为它专门作过一篇序。这是最早称赏《聊斋志异》的又一位名流。

　　一个困窘潦倒的穷秀才，半生蹉跎，境况凄凉，费尽心血所写的狐鬼小说却无人赏识，无人能理解其中所寄托的忧愤，这是多么悲哀的事啊。而高珩和唐梦赉理解和同情蒲松龄的悲哀，肯定《聊斋志异》的价值，并为他创作《聊斋志异》提供舆论上的支持，这对他是很大的精神安慰。古时候，文学作品无法商业化，写小说也卖不了钱，更与功名无缘，这纯粹是一种个人爱好。蒲松龄从事的其实是一项非常奢侈的工作。

　　这些年里，蒲松龄的诗作不多，在授徒、举业之余，把主要精力用于创作《聊斋志异》了。到康熙十八年（1679年）春《聊斋志异》初次结集时，《娇娜》《婴宁》《青凤》《林四娘》等一些重要篇章都已经创作出来，蒲松龄的文学才华，也已经引起了当地名流的注意。然而，这一切仍然不足以改变他贫困潦倒的境况。其间，康熙十七年（1678年），蒲松龄再赴济南乡试，结果仍旧名落孙山。

　　康熙十八年（1679年），40岁的蒲松龄依然家徒四壁，功名无望。但值得庆幸的是，从这一年开始，他不再飘如萍梗，今年设帐于这家，明年就食于他处。他有了一个比较稳定、安适的馆去坐，淄川西铺的显宦毕家聘他为西席。

　　西铺位于淄川西，距县城约60里。毕家也是本地的名门大族。毕家的主人叫毕际有，聘蒲松龄来家设帐，是为了教他的八个孙子读书，但学识渊博、文才出众的蒲松龄，却也成了他清谈的朋友、文字的代笔、应酬

笔下鬼狐亦有情
——蒲松龄

的替身。夏日黄昏，冬夜炉旁，蒲松龄陪他谈古论今，以解寂寞。毕家许多贺吊往来的文字都出自蒲松龄的笔下，措辞得体，文采斐然，并且颇有富贵闲人所应有的气度。毕家与本县的几家名门大族，如王鳌永家、高珩家、孙廷铨家等，都联络有亲，与新城王士禛家里有"三四代婚姻之好"；由于财盛势大，毕家与地方官吏的交往应酬也比较多。这样，亲友来访，地方官拜谒，由蒲松龄这样饱读经史、谈吐风雅的西宾出面迎送、作陪，也不算辱没门楣。本地缙绅迎送县令、学师上任、离任，或者代人说项、打点这一类事，让蒲松龄以西宾的身份出面，毕际有既不必自己屈尊，也显得比较得体。所以，毕际有对蒲松龄一直比较友好、尊重，宾主相处十余年，关系一直比较融洽。

康熙三十二年（1693年）毕际有去世后，蒲松龄甚为哀痛，写了《哭毕刺史》诗十首。

毕际有死后，他的二儿子毕盛钜主持家政。毕盛钜字韦仲，大概比蒲松龄小几岁。这是个并不希图仕进的大家子弟，秉性疏懒，但还比较厚道，只是守着家产过舒服日子，闲的时候读点杂书解解闷。教子读书，以及一切文字应酬，更像他的父亲一样，全依赖已居于门下十余年的西宾蒲松龄了。因为这位少东家与蒲松龄年纪相仿，又长期共桌而食，相互依傍，感情深笃如兄弟一般。

在毕家，蒲松龄那颗凄苦寂寞的心渐渐感到温暖和慰藉。毕家年复一年地恳请他留下来，笃于友情的蒲松龄也欲去难舍，结果在毕家竟一连待了30年，直到古稀之年才撤帐回家。

康熙五十三年（1714年），他75岁那年，毕际有夫人去世，蒲松龄不辞劳苦，跋涉几十里亲自去西铺吊唁毕夫人，又不顾老眼昏花，撰写了《毕母王太君墓志铭》，可见他与毕家的交情绝非泛泛。

在毕家坐馆，生活安定，无衣食之忧，可以专心读书著书，这对于蒲松龄来说，实在是一件幸事。《聊斋志异》的大部分篇章都是在毕家完成的。

在毕家坐馆这些年，蒲松龄仍然功名心不死，多次应山东乡试，但始终没能顺利闯过这一道关。康熙二十六年（1687年），蒲松龄应乡试"越幅被黜"，即所作的八股文章超过了限定的字数，被取消了录取的资格。"三年再三年"，屡战屡败，眼看是望五的人了，功不成，名不就，寄人篱下，为他人作嫁衣裳，蒲松龄内心痛苦万分。

屡战屡败、久困场屋的不幸遭遇，使蒲松龄对科举制度的弊端有了非常深刻的认识，在《聊斋志异》的《司文郎》《于去恶》《王子安》诸篇中，他对科举制度特别是考官的昏庸低能作了尖锐的揭露和愤怒的控诉，对深陷科举牢笼的读书人表达了深切的同情。

高山流水，知音难得

《聊斋志异》是蒲松龄一生的心血，是他随时随地收集鬼怪故事、民间传说得来。

早年他在离家赴宝应的途中，一天碰上了大雨，蒲松龄与一个叫刘子敬的书生住在一起。秋雨敲窗，长夜寂寞，两个人天南海北地攀谈。刘子敬讲述了桑生与鬼狐恋爱的故事，并拿出王子章撰写的《桑生传》给蒲松龄看。后来，《桑生传》经过蒲松龄的再创作，成了缠绵悱恻的聊斋名篇《莲香》。

笔下鬼狐亦有情
——蒲松龄

蒲松龄写狐鬼小说，在当时许多人眼里，纯属不务正业之举，走的是一条与功名无缘、白白浪费时间精力的绝路。即使他的朋友，也不是都能理解他、赞成他。蒲松龄屡困场屋，过不了乡试关，有些人就很自然地归咎于他谈狐说鬼，分散了精力。康熙十一年（1672年）蒲松龄乡试失败后，孙蕙在给他的信中就表示过这个意思，并劝他"兄台绝顶聪明，稍一敛才攻苦，自是第一流人物，不知肯以鄙言作填否耶"？很明显，这里的"敛才"就是指集中精力治举业，不要再把心思用在狐鬼小说上。

我们只能说，蒲松龄是生不逢时。他不属于他所生活的时代！

郢中社友张笃庆与蒲松龄一生笃好，但他对蒲松龄写作《聊斋志异》始终不以为然。张笃庆认定蒲松龄记述狐鬼故事荒诞不经，于世于己都无益处。

张笃庆、孙蕙都是蒲松龄的挚友，但他们却如此看待蒲松龄呕心沥血、寄托良深的文学创作，虽然本心是出于友情，但却不能不使已经倍感孤独的蒲松龄更加伤心。这就无怪乎在《聊斋自志》一文里，蒲松龄把创作《聊斋志异》过程中受到社会冷落、友朋劝阻、世俗讥笑的悲凉比作"惊霜寒雀，抱树无温；吊月秋虫，偎阑自热"，并感叹"知我者，其在青林黑塞间乎"了。

长期陷入贫困、失落和内心孤独苦闷的境地，蒲松龄对那些能给《聊斋志异》创作以理解和支持的人们尤为感激，把他们引为知己，如高珩、唐梦赉，如毕际有、毕公权，特别是王士禛。

王士禛是清代著名学者，字贻上，号阮亭，又号渔洋山人，新城（今山东淄博桓台）人，顺治年间进士。45岁时，康熙皇帝召对懋勤殿，授翰林院侍讲。此后一帆风顺，直做到刑部尚书，再为台阁重臣。同时，在文学上力倡"神韵"之说，长时间主持风雅，被目为文坛领袖。康熙二十四年（1685年），王士禛因为父亲病故返乡。大约在第二年暮春，到了淄川西铺毕家。毕、王两家世代联姻，毕际有的夫人就是王士禛的从姑母。当时蒲松龄正是毕家的西宾，免不了要作陪的。王士禛是海内知名的大诗人，蒲松龄自然对他是"耳灌芳名"，倾慕之至，王士禛对毕家这位文才很高的老西宾大约也有所耳闻。于是，二人相会，谈诗论文，王士禛可能也看过《聊斋志异》的部分稿子。王士禛本有文学眼光，又喜欢奖掖后进，自然对蒲松龄称誉了一番。返回新城后，王士禛主动写信给蒲松龄，索取《聊斋志异》看，阅后作了评点，并且题了一首为后世广为传诵的诗：

> 姑妄言之姑听之，豆棚瓜架雨如丝。
>
> 料应厌作人间语，爱听秋坟鬼唱诗。

蒲松龄与王士禛一生只见过一次面，但却结下了文字之交。此后，虽然两个人的社会地位日殊，但仍然时有书信往来。王士禛有书刻成，也寄赠给蒲松龄。

王士禛对蒲松龄的褒誉、鼓励，特别是对《聊斋志异》的评点、题诗，使蒲松龄有绝处逢生之感，对王士禛倍加钦敬、感激，并鼓起了继续创作《聊斋志异》的信心。作于康熙二十七年（1688年）的《偶感》一诗，就真切地抒发了蒲松龄在自感穷途末路，不为人所理解、赏识的境遇中，忽然得到王士禛的奖誉而产生的感激、欣慰的心情：

> 潦倒年年愧不才，春风披拂冻云开。
>
> 穷途已尽行焉往？青眼忽逢涕欲来。

笔下鬼狐亦有情
——蒲松龄

一字褒疑华衮赐，千秋业付后人猜。

此生所恨无知己，纵不成名未足哀。

　　由于得了王士禛的赞赏，蒲松龄和他的《聊斋志异》的名声一天天大了起来，开始飞出淄川，广为社会所知了。康熙三十二年（1693年），山东按察使喻成龙倾慕蒲松龄的文名，令淄川知县周统"尽礼敦请"他去济南一会。据说蒲松龄以身体不适、倦于奔波为辞，高卧不起，还是经馆东毕际有父子恳切"劝驾"，才去了济南，在按察司官舍中盘桓数日，赋《梅花书屋图》诗而还。康熙三十五年（1696年），蒲松龄与济南朱缃结为忘年交。朱缃，字子青，号豫村居士，是个贵胄子弟。父亲朱宏祚官至浙闽总督，二弟朱绛官至广东布政使，三弟朱纲直做到云南巡抚。但朱缃本人却连个秀才都不是。他虽然是一位富贵闲人，却也是一位风雅之士，耽于吟咏，喜交名士。他对蒲松龄倾慕已久，于是乘蒲松龄来省城之际，送酒到旅店，又请他到家里做客。两人谈诗论文，坦诚相叙，相见恨晚。就这样，57岁的穷秀才和27岁的贵公子结成了忘年好友。

　　朱缃在康熙三十五年（1696年）见到蒲松龄之前，就已从唐梦赉处借到了部分《聊斋志异》的稿本。因为非常喜爱，就过录了下来。与蒲松龄相识后，朱缃便几次给他写信，借阅整部《聊斋志异》，并全部抄录了下来。这是《聊斋志异》的第一个抄本。同时，朱湘还把自己及其家属中的奇闻逸事提供给蒲松龄作创作的素材，《老龙船户》一篇就是讲述朱缃父亲朱宏祚任广东巡抚时缉捕盗贼的事。《外国人》也是朱宏祚亲身经历的事。在《司训》和《嘉平公子》两篇后，还附录了朱缃《耳录》中的故事。可惜的是，蒲松龄的这位知友享寿不永，年仅38岁便早早去世了。他抄录的《聊斋志异》，在他过世后被人借去传看，不久就不知去向了。后

大清文豪故事

来，他的儿子又向蒲松龄的子孙借得原稿，重抄了一部，这部为"殿春亭主人"即朱缃儿子抄录保存的抄本，后来成为产生过巨大影响的《铸雪斋抄本聊斋志异》的底本，对于《聊斋志异》的广泛流传起了不可低估的作用。

在蒲松龄的朋友中，朱缃可谓最了解《聊斋》深意者。蒲松龄的长孙蒲立德在《书〈聊斋志异〉朱刻卷后》的跋文中这样写道：

> 公（指蒲松龄）之名在当世，公之行著一世，公之文章播于士大夫之口，然生平意之所托，以俟百世之知焉者，尤在《志异》一书。夫"志"以"异"名，不知者谓是虞初、干宝之撰著也，否则黄州说鬼，拉杂而漫及之，以资谈噱而已，不然则谓不平之鸣也，即知者，亦谓假神怪以示劝惩焉，皆非知书者。而豫村先生相赏之义则不然，谓夫屈平无所诉其忠，而托之《离骚》《天问》；蒙庄无所话其道，而托之《逍遥游》；史迁无所抒其愤，而托之《货殖》《游侠》；昌黎无所摅其隐，而托之《毛颖》《石鼎联句》，是其为文，皆涉于荒怪，僻而不典，或诙诡绝特而不经，甚切不免于流俗琐细，嘲笑姗侮，而非其正，而不知其所托者如是，而其所以托者，则固别有在也。

从文中看，朱缃给《聊斋志异》很高评价，认为它不只是"假神怪以示劝惩"这么简单，把蒲松龄与屈原、庄子、司马迁、韩愈等第一流的文学家并列，应当说是卓有见识的，表明他已经突破了传统的轻视小说的旧观念。在这一点上，恐怕就连王士禛等人也没有这等认识。朱缃确实堪称蒲松龄生前的一位知音。

白首贡生，黯然神伤

蒲松龄是由于家境贫困，无以为生，才迫不得已到缙绅人家坐馆的。在毕家30年，虽然宾主相得，关系融洽，他生活得也蛮舒服，也曾说过"拟将残息傍门人"之类的话。然而梁园虽好，毕竟不是久留之地。年年客居他乡，不能与妻儿朝夕相处，这自不必说。自己弃家外出，去教别人家的子弟读书，却顾不上教自己的子孙。先是"长男幸可教诸弟"，以后是"文事惟凭子教孙"。当他看到有的孩子不肯勤奋读书时，教训、责备中也不免含有一定的内疚。

在《子笏》一诗中，他教导19岁的三儿子蒲笏要勤读，对于四儿子蒲筠"十五尚冥顽，高卧只解拥三竿"颇为不满，最后却说："我为糊口芸人田，任尔娇惰实堪怜。几时能储十石粟，与尔共读蓬窗前。"言语之间流露出很深的无可奈何的情绪。再说，长期寄人篱下，也实在违背蒲松龄的本愿。他一直到老都没有打破科举的迷关，仍然幻想着金榜题名、光宗耀祖。然而年逾花甲，依然一无所成，并且还不能在家安享晚年，年年几次冲风冒雪往返于70多里的山道上，每年绝大多数日子住在别人家里，如他自己形容的，"雪刺可怜生双鬓，犹随马迹转秋蓬"，"久以鹤梅当妻子，直将家舍作邮亭"，自然是很可悲的。这时，他的儿子们都已长大成家，看着老父亲60多岁了，"犹往返百余里，时则冲风冒雨于夬山道中"，心里也实在不安，为不能孝养老父而惭愧。年年挽留蒲松龄的毕盛钜，大约也觉得再留下去太不近人情，于是，蒲松龄到了年及古稀，终于撤帐归家，结束了近40年的舌耕生涯。

蒲松龄在毕家30年，家庭的经济状况逐步好转。前十几年，他还经常为家徒四壁而忧愁；后十几年里，除了遭遇灾荒饥饿，他很少再发黔娄之叹了。儿子们渐次成家，各谋一馆，可以自糊其口。家里靠贤妻刘氏的勤俭操持，逐渐有了一点积蓄，最后竟也置下了"养老之田五十余亩"。因此，蒲松龄撤帐归家后，心情比较安适舒畅。生活不再那么贫困了，有田可以躬耕，有书可以啸吟，有酒可以陶然一醉。在他归家第一年作的《课农》以及后来的《老乐》等诗中，都描述了一种衣食无虞的小康生活和知足常乐、"白头喜作太平民"的情绪。有老妻挑菜，小仆网鱼，儿子替自己贺吊往还。自己闲居无事，扫径看竹，听孙读书，像归园田居的陶渊明那样悠闲自在，像安乐窝里的邵雍那样快活。尽管这主要是蒲松龄安然满足心情的表现，但靠了大半生的舌耕笔耘，他毕竟不再像早先那样为衣食不周而愁苦不堪，可以基本摆脱贫穷，过上自给自足的农家小康生活了。

康熙四十九年（1710年）春正月，蒲松龄同挚友张笃庆、李尧臣一起被推举为乡饮酒礼的宾介。乡饮酒礼是我国历代相传下来的一种隆重的敬老礼仪，被奉为宾、介、耆者，必须是大家公认的品德并茂的人。这对于年老的秀才来说，毕竟算是一种荣誉。然而蒲松龄却怎么也高兴不起来，他抚今思昔，感慨万千：

> 忆昔狂歌共晨夕，相期矫首跃云津。
> 谁知一事无成就，共作白头会上人！

想当年，他们青春结社，雄心勃勃，视功名富贵如囊中之物。然而，

笔下鬼狐亦有情
——蒲松龄

50年过去了，谁也没能在科举道路上更进一步，出人头地。如今，那青春结社的豪情，那俱骋龙光、并驱云路的壮志都已成为昨日的依稀，"落花流水春去也"，只落得三个白头老翁在一起享受这点儿小小的荣耀，他们是何等的惆怅、失落啊！

康熙五十一年（1712年）初冬，蒲松龄不顾72岁的高龄，冲风冒寒，到青州府去考贡，总算得了个岁贡的功名。做了贡生以后理论上可以当官了，蒲松龄得到一个虚衔"儒学训导"。儒学训导是什么意思呢？当时的学校分好几级，国家一级是国子监，省里面是府学，县里面是县学。这个儒学训导就是县学的副长官。这虽然可以得到县令为之立旗匾的荣耀，每年也有几两贡银，但对于蒲松龄来说，除了几许精神上的慰藉外，实在已没有多大的价值了。

蒲松龄黯然神伤，作了一首诗：

落拓功名五十秋，不成一事雪盈头。

腐儒也得宾朋贺，归对妻孥梦也羞！

康熙五十二年（1713年）九月二十六日，刚刚在儿孙环绕、安适宁静的家中过了几年的蒲松龄遭受了暮年最沉重的打击——他的夫人刘氏永远离他而去了。自嫁到蒲家来以后，这位勤劳、朴实的农村妇女安贫守拙，任劳任怨，辛苦操持了一生。结婚几十年来，蒲松龄常年在外，家庭的重担全由她一人承担着。蒲松龄撤帐归家后，得以啸傲诗书、徜徉山水，也多亏了这位能干的老伴管家。然而，谁能想到，比蒲松龄小三岁的刘氏竟然先他而去了！"五十六年琴瑟好，不图此夕顿离分。"刘氏去世后，蒲松龄写过《悼内》等多首悼亡诗，深情回忆刘氏的音容笑貌，嘉言懿行，抒发他对老妻的无限思念之情。

刘氏去世后，蒲松龄便悲多欢少。然而祸不单行，他的几个可爱的小孙子又患了天花，不长时间相继夭亡。这对于蒲松龄来说，无异于雪上加霜，更使他觉得了无生趣。

《聊斋志异》，影响深远

《聊斋志异》是蒲松龄的代表作品，也是中国小说史上文言短篇小说的顶峰之作。正是因为《聊斋志异》的成功，才使得蒲松龄在中国文学史上享有崇高的地位。在《聊斋志异》中，蒲松龄以出神入化之笔，创造了一个神奇的聊斋世界。在这个世界里，花妖鬼狐、草木虫鱼都具备了可爱的性灵，它们不仅具有超凡的本领，而且能够自由地出入尘世；它们不仅追求飘逸洒脱的精神生活，而且追求俗世爱情、幸福的热情一点也不逊于凡人。然而，《聊斋志异》的成功，并不仅仅在于它的搜奇志异和谈鬼说狐，而是因为它描写了生活，揭露了现实；是因为它"用传奇法而以志怪"，借鬼狐寄托了作者的孤愤；是因为它极具个性、与众不同的人物形象塑造；是因为它古雅简练、清新活泼的语言艺术；更是因为它在思想和艺术上所取得的成就。《聊斋志异》深刻的社会价值以及对现实生活的重要影响，主要体现在以下三个方面。

其一是对理想爱情的向往。爱情是文学永恒的主题。或许因为人世间的爱情易受红尘牵绊，蒲松龄才赋予鬼狐花妖以特殊的本领洞穿尘世间的诸多无奈，为理想的爱情不懈求索。《小倩》中的鬼女小倩为了爱而由

笔下鬼狐亦有情
——蒲松龄

死转生，重返尘世得以与意中人长相厮守；《公孙九娘》中鬼女九娘愿望的最终破灭，却向我们昭示着：人世间有许许多多的苦命冤魂，纵使白骨重生，也寻不回世间的温暖与期待的爱情。在这里，平凡的爱情、婚姻也成了可望而不可即的梦。《鸦头》中勇敢倔强的狐女鸦头，她的境遇跟一位婚姻不能自主的尘世女子没什么区别。她苦苦寻找爱情栖居的角落，多年之后终于得以与情人团聚。《香玉》中黄生与花仙香玉的爱情可谓感天动地，最后黄生和香玉同为花仙，在理想的仙界涅槃重生。这成为多少人追寻的梦想。《婴宁》中的婴宁更是一位相当成功的艺术形象，她的天真烂漫、质朴无邪及对爱情表面不解、实际坚贞的可贵品质，在世俗社会是罕见的。后来进入社会生活的她不再笑了，是成熟了，还是适应了世俗的无奈？《娇娜》篇中作者通过对孔雪笠与松姑的夫妻关系及与娇娜的良友关系的描写，体现了作者对两性关系的深层探索已突破了性爱、情爱的限制，达到了灵与肉的统一。知己之爱的境界，一反传统"郎才女貌"的描写，对后世产生了重要影响。《红楼梦》中宝玉与黛玉的爱情描写，就是这种境界的发展。

其二是对科举制度的批判。科举制度的黑暗与不合理是作者终生不得志的根源之一，因而也是作者深恶痛绝的社会现象。所以蒲松龄才会用最激愤的语言、最怪异的事实，对科举制度给予彻底的揭露。科举制度发展到明清已到了僵化、死板的境地，它不仅限制了人才的选拔、阻碍了社会的发展，而且社会生活的各个方面都受到其消极的影响。所以，在《聊斋志异》中我们几乎看不到有识之士能真正通过科举之路实现正常的人生追求。即使侥幸地通过科举走上仕途，也只是名利的满足，更何况决定广大考生命运的主考官们连正常人的判断能力都已丧失殆尽，甚至不如瞎子、聋人。《贾奉雉》中的贾奉雉以"金盆玉碗贮狗矢"的文章稀里糊涂地"竟中经魁",当人生的理想终于实现的时候,他却羞愧得无颜出见同人,只好遁迹山丘而去。《司文郎》中能凭气味辨别文章优劣的瞎子更是明确地指出:"仆虽盲于目,而不盲于鼻;帘中人并鼻盲矣!"《叶生》中的叶生才华横溢却久困场屋,以致抑郁死去,而用他的艺文作敲门砖的丁公子却连考连捷,顺利进入仕途。叶生的鬼魂终于意识到:这是命运的捉弄。不怪文不好,只怪自己命不好。这不正是作者的自喻吗?

那么,大量考生孜孜以求的仕途经济之路的实质是什么?《王子安》中的王子安在醉梦中实现了科考高中的美梦,而美梦实现后的所作所为,原来是耀武扬威、横行乡里;《续黄粱》中幸运的书生最后也成了奸相。这些亦真亦幻的描写,客观上显示了作者对读书人"学而优则仕"这一追求后果的质疑,流露出作者对知识分子命运的深层思索。梦想成真的路尚且如此,美梦破碎的人更是郁郁终生。掩卷沉思,直令我们今天的读者也感到悲凉。

其三是对社会黑暗的揭露。蒲松龄长期生活于农村,虽然终生未能入仕,却做过短暂的幕僚,因此他对民生的疾苦、吏治的腐败、官场的黑暗都有深刻的感受。《席方平》中的席方平在父亲屈死后,为替父昭雪而上天入地,受尽种种非人的磨难,最后他终于发现:原来地狱犹如人间,全是一派黑暗世界。尽管故事的结尾有个光明的"尾巴",但给读者印象最深的仍然是正义遭拒绝的无奈以及无辜者惨遭虐待的骇人情景。"自古衙门向南开,有理无钱莫进来",已使阳间人世与阴森的地狱无甚区别。大官如此,小吏也不示弱。《梅女》中的典吏为了区区几百钱就陷害好人,置良家女子于死地;《红玉》中的官吏竟然在光天化日之下强抢人妻。在《梦狼》中,作者借助白翁的梦境,巧妙地把吸吮民脂民膏的贪官污吏直接写成猛虎、恶狼,衙门内外,白骨如山,一针见血地指出了封建衙门的罪恶本质。在著名的《促织》中，作者更是把批判的矛头指向了最高的统治者。皇帝为了一个小小玩物，就可使小民倾家荡产，也能使之飞黄腾达。

对黑暗现实的揭露，使以"谈狐说鬼"为主要形式的《聊斋志异》具备了深刻的现实性。从中可以看出：作者并非妄谈鬼神而忘记民生。作为下层文人的蒲松龄，以手中的笔为武器与现实的丑恶进行了不懈的斗争。

除以上三大主题外，《聊斋志异》还记载了许多作者耳闻目睹的奇闻逸事，如地震、海啸、海市蜃楼、夏日飞雪等自然现象；还有一些反映社会伦理、家庭生活的作品，如《邵女》《乔女》《珊瑚》等。部分作品中虽不乏道德说教，但基本上都体现出对真善美的褒扬和对假恶丑的揭露批判，反映了作者进步的人性观。

从艺术上来说，《聊斋志异》同样取得了很高的成就，它的与众不同之处主要体现在以下两个方面。

首先是《聊斋志异》具有诗情画意的境界。中国是诗的国度，诗歌一直被视为最正统的文学体裁，因而其形式、意蕴对其他文体都产生了很大的影响。《聊斋志异》在继承诗歌传统时，主要吸收了诗歌的"诗情画意"之神，而不是单纯在形式上哗众取宠、连篇累牍地大量引用，从而使作品摆脱了单纯猎奇和讲故事、重情节的弊病，达到了形式与内容的完美统一。《聊斋志异》中的某些作品吸收了古诗歌的意象，并在此基础上创造出了一些新的意象群。如《婴宁》中婴宁的命名，本自《庄子·大宗师》："其为物无不将也，无不迎也，无不毁也，无不成也，其名为撄宁。""撄宁"即"婴宁"，含有天真童心、不矫饰之意，非常符合婴宁本身的性格特点。《黄英》中菊花仙子的命名则明显吸取了陶诗的意蕴，而其干练、善持家的形象则具备了新的时代特征，体现了商品社会对传统观念的影响。还有些作品则把吟诗作赋作为情节的关键。如《白秋练》中慕生的吟诗引来白秋练的好感和爱慕，直接带动了情节发展；《公孙九娘》中公孙九娘的洞房苦吟，其所吟诗词正是作者想要表达的中心思想。而更多的作品则是体现出一种"诗美"，能给读者带来读诗的美感。尤其是某些故事的结尾，似断非断，引人遐想，给人以"曲终人不见，江上数峰青"的感觉，如《绿衣女》《西湖主》等。

《聊斋志异》绝不是单纯讲故事、说道理，它每一篇玲珑剔透的短文都像诗一样，含有无限的意蕴，具有优美的意境。虽长短不一，却各臻奇妙。较长的故事，情节摇曳多姿、顾盼生辉；短的故事也意蕴深厚，发人深思。在各种环境的渲染及人物形象的塑造上，都达到了"化境"这一高妙的境界，体现了作者非凡的艺术功力。

其次是"一书而兼二体"的写作特点。中国文言小说源远流长，原始神话中的故事情节和人物形象，已初步孕育了小说的因素。先秦诸子散文及两汉历史散文在情节的叙述、人物的描绘上，进一步丰富了后代小说的表现手法。魏晋文人开始大量写作笔记小说，尤其是以干宝《搜神记》为代表的志怪小说，虽然文笔朴素、篇幅较短，却对后来的蒲松龄影响很大。至唐人有意为小说，已标明了中国小说的成熟，传奇小说遂成为后世文人仿作的典范。蒲松龄创造性地用传奇小说的创作手法写出了一些情节生动曲折的志怪故事，穷形尽相地再现了世态人生，形象生动，意蕴丰富，从而使《聊斋志异》具有了"一书而兼二体"的显著特点。

此外，《聊斋志异》虽为文言短篇小说集，却浅近易懂，没有古文生涩难懂的弊病，同时还收到了言简意丰的效果。其奥妙就在于《聊斋志异》吸收了大量的口语因素，增强了文言的表现力，因而才使它的语言既古雅简练，又清新活泼。无论是对环境的描写、还是对细节的叙述，无论

笔下鬼狐亦有情
——蒲松龄

是人物的塑造还是场景的渲染，都绘声绘色，具有很高的艺术功力。尤其是人物语言极具个性化，诸如书生的雅言、少女的娇语、俗人婆子的粗话，都因人而异，绝不雷同。即使在一些极精短的篇目中，也能以三言两语的勾勒，使人物情态毕现。

蒲松龄自幼聪明好学，多才多艺，加之他勤奋刻苦，一生著作十分丰富。可惜因为他生前无力刊行，许多作品被埋没了200多年。20世纪末，盛伟先生搜集整理了《蒲松龄全集》，除他的代表作《聊斋志异》外，还广泛收录了他的诗、文、词、赋、戏剧、俚曲等大量作品。

《聊斋志异》很早就走出了国门，对世界文学也产生了重要影响。日本明治年间就出现了模仿《聊斋志异》的作品——《本朝虞初新志》；同样，《聊斋志异》对西方文学——如卡夫卡等人的创作也产生了重要影响。截至目前，《聊斋志异》的外文译本已有17种语言、数十种译本传世，已卓然跻身于世界文学之林。《聊斋志异》还多次被改编成影视剧，大家熟知的有《精变》《倩女幽魂》《画皮》《古墓荒斋》等。《聊斋志异》可算是影视制作者最青睐的古典名著之一。

人生若只如初见

——纳兰性德

　　无论时光走得有多远，来时的路，去时的路，还是一如既往，不会因为朝代的迁徙而变更。在漫长的岁月长河里，许多生命都微小如沙砾，我们可以记住的，真的不多。可我们还是应当记住一个人。他生在王公贵胄之家，高贵的血液铸就了此生无上尊荣。他自诩是天上痴情种，不是人间富贵花。"人生若只如初见，何事秋风悲画扇。等闲变却故人心，却道故人心易变。"这个人就是纳兰性德。

出生：不是人间富贵花

非关癖爱轻模样，冷处偏佳。别有根芽，不是人间富贵花。谢娘别后谁能惜，飘泊天涯。寒月悲笳，万里西风瀚海沙。

——纳兰性德《采桑子》

300多年了，他，纳兰性德，1655年1月19日，一个飞雪的腊月，降生在北京。这么一个幼小的生命，与生俱来就携着高贵的金冠，因为他的身上流淌着纳兰世家的血液。纳兰世家，一个集荣华与贵胄、显赫与威望的家族。父亲是康熙时期权倾朝野的宰相纳兰明珠，人以"相国"荣称。母亲爱新觉罗氏为英亲王阿济格第五女，一品诰命夫人。其家族——纳兰氏，隶属正黄旗，为清初满族最显赫的八大姓之一，即后世所称的"叶赫那拉氏"。纳兰性德的曾祖父，是女真叶赫部首领金台石。金台石的妹妹孟古，嫁努尔哈赤为妃，生皇子皇太极。整个纳兰家族与皇室有着千丝万缕、不可分离的紧密关系。

纳兰性德是纳兰明珠的长子，明珠视他为珍宝，为之取名纳兰成德，因避皇太子胤礽（小名保成）之讳，改名性德，字容若，号楞伽山人，并且有一个很好听的乳名，冬郎。这样一个被后世称为传奇的人物，一个才华惊世、风度翩然的才子，一个令无数红颜倾倒的旷世情种，他出生的时候，必定有着不同凡响的故事。

为了给爱子起一个称心如意的名字，明珠找到了德高望重的法玛大师。法玛大师取《易经》里："君子以成德为行，日可见之行也。"为其取名成德。"君子以成德为行，日可见之行也"，这句话将会是这个孩子今后一生的写照吗？初为人父的明珠满怀期待。

小男孩有了一个大名，他的父母自然不会呼他成德，而是呼唤他的小名：冬郎。

腊月出生的，所以叫作冬郎。20多年以后，顾贞观有一次半开玩笑地说：容若之所以诗词写得那么好，完全是因为李商隐早在唐朝就为他作出过预言。——这是唐朝的一则典故。诗人韩偓从小是个神童，吟诗作文可以一挥即成。韩偓的父亲和李商隐是故交，一次李商隐要离开京城，加入东川节度使的幕府，大家为他设宴送行，年仅10岁的韩偓即席赋诗，才华之高震惊四座。后来李商隐追忆起这件事来，仍对少年韩偓的佳句回味不已，便写了两首七绝寄给韩偓作为酬答，兼呈韩偓的父亲韩瞻（字畏之）。

十岁裁诗走马成，冷灰残烛动离情。
桐花万里丹山路，雏凤清于老凤声。
剑栈风樯各苦辛，别时冰雪到时春。
为凭何逊休联句，瘦尽东阳姓沈人。

诗中大大地推崇着神童韩偓，尤其著名是第一首的最后两句："桐花万里丹山路，雏凤清于老凤声"，这就是"雏凤声清"这个成语的出处。这两首诗有个很长的题目，叫作《韩冬郎即席为诗相送，一座尽惊，他日余方追吟"连宵侍坐裴回久"之句，有老成之风，因成二绝寄酬，兼呈畏之员外》。题中的"韩冬郎"就是韩偓，"冬郎"是韩偓的小名。

人生若只如初见
——纳兰性德

因着这个故事，顾贞观戏对容若说："令尊大人给你取'冬郎'这个小名的时候，是不是已经把你当作神童韩偓了呢？这样的话，他老人家真是慧眼，纳兰冬郎的诗名早就'雏凤声清'，远在韩冬郎之上了。"

容若浅浅一笑答道："家严当时应该想不到这么多吧。我是腊月出生的，自然就叫冬郎了。"

此冬郎与彼冬郎是何等地相似！韩偓可以"十岁裁诗走马成"，纳兰性德流传下来的最早的一首诗恰恰也是在10岁那年写的。那是康熙三年（1664年），正月十五元宵之夜，本该是满月流光，却发生了月蚀。10岁的小冬郎用他那一点都不稚嫩的诗笔记下了这个特殊的景象：

夹道香尘拥狭斜，金波无影暗千家。

姮娥应是羞分镜，故倩轻云掩素华。

——《上元月蚀》

10岁的小冬郎已经掌握了近体诗的写法，熟悉了平仄音的错综变幻，背熟了唐宋的汉字在韵谱上的发音，流畅地化用古语，仿佛无拘无束一般抒写着天才诗人的想象力。

关于纳兰性德的名字，这里还要交代两句后话：在他已经20多岁的时候，康熙皇帝立了第二子为皇太子，皇太子乳名保成，和容若的名字里都有一个"成"字。于是为了避皇太子的名讳，已经沿用了20多年的"成德"便被改为了"性德"，这就是那个最为我们熟悉的名字：纳兰性德。直到第二年，保成改名胤礽，"性德"才恢复为"成德"。

如果我们看过明珠的履历，就不得不承认纳兰性德的成长真的是一个奇迹。他有一位最精明的父亲，还有一位最强悍的母亲，但父母的这些性格一丁点也没有遗传到容若身上，这也许要归功于后天环境的不同造就。

在明珠懂事以来，叶赫那拉氏和满人的血仇已经随着历史的浪潮而烟消云散了，他只知道自己隶属于满洲正黄旗，自己的利益和满洲的利益是紧紧捆绑在一起的。作为家庭中的次子，明珠继承不了父亲的爵位和世职，他只是一个两手空空的人，叶赫那拉氏的血统除了机会，什么也给不了他，但他已经拥有了精明的头脑、干练的作风和沉稳的性格，他所欠缺的只有一样东西，那恰恰就是机会。明珠天生就是一个政治动物，也许他应该庆幸自己没有成长在清军入关的那个靠军功博出身的战乱年代，在顺治朝里，他从一个平凡的大内侍卫的职务里找到了今后飞黄腾达的起点。

开始的时候，明珠不过做了内务府郎中，这是一个既低微又很不好做的职位，处理的全是皇宫内务的工作，一不小心就会开罪人，给自己招来无穷无尽的麻烦。但明珠一旦开始闪光，就不是任谁都能轻易遮掩的，明珠做到康熙三年就升迁为内务府总管，相当于皇宫里的大管家，大到典礼、警卫、财务，小到伙食、仓储、畜牧，要他操心的事情实在太多、太琐碎了。就是在这些无比琐碎的大小事务中，明珠稳扎稳打地发挥着自己的才干。纳兰性德后来谈及父亲的这段经历时，将之比作《史记》当中汉高祖的名相陈平的年轻时代：那时候陈平只是里巷中的一名小小的社宰，负责为大家分配肉食，因为总能分得公平，所以大家都赞他是个好社宰。陈平说道："哪天要是让我宰治天下，也能做得一样好。"是的，这就是明珠的世界。如果换作容若，绝对是做不来的。明珠就是这样铁腕地攀登上了那个一人之下、万人之上的高位，他很清楚下面有多少双眼睛在对自己虎视眈眈，那些眼睛的主人们也很清楚，能够一步步靠着能力爬到所有豺狼的头顶上的，绝对不会是一只绵羊。

明珠的夫人，纳兰性德的母亲，是阿济格的女儿，他们是在顺治朝成

人生若只如初见
——纳兰性德

的婚，那时的明珠不过是个小小的大内侍卫。这桩婚姻并没有给明珠带来任何利益。岳丈阿济格虽然是努尔哈赤的第十二个儿子，虽然勇悍过人，战功彪炳，虽然有着多尔衮和多铎这两个权势极盛的同母兄弟，虽然被册封为英亲王，在最显赫的一字王之列，又授靖远大将军，平定过李自成，迫降过左梦庚，但错在太过张扬又毫无城府，终于在权势斗争中落败，被收监赐死，革除宗籍，家产也尽被抄没。就是在这样的时候，卑微的明珠才有机会"高攀"上阿济格的女儿。明珠是康熙朝的铁腕权相，他的夫人或许在铁腕上稍逊乃夫，但远远多了强悍与乖戾。时人在笔记里记载过明珠夫人的一些轶事，说她妒性之强，以至于严禁任何侍女与明珠交谈。尤其令人毛骨悚然的是，一次明珠偶然说起某个侍女的眼睛漂亮，第二天一早明珠就看到了一个盘子，盘子里盛的正是那名侍女的一双眼珠。

纳兰性德，这个多愁多病的贵公子，这个交织着天真与忧伤的孩子，就是在这样的一个家庭里成长起来的。

纳兰性德聪颖早慧，小小年岁，通诗文、精骑射，"贵族神童"这一美誉在当时名满京城。他住在富丽堂皇的明府花园，明府花园是明珠在北京西北郊的别墅。虽没有紫禁城巍峨壮丽，却是一座汇集山水灵秀的人间天堂。那里亭台楼阁、假山水榭，甚至建有庙宇戏台，看似郊外小小花园，实则海纳百川、包罗万象。纳兰性德就是在这样一座人间天堂里，无拘无束地成长，读书学习，骑马射箭，度过了他美好的青少年时代。他在《郊园即事》中诗云："胜侣招频懒，幽寻度石梁。地应邻射圃，花不碍球场。解带晴丝弱，披襟露叶凉。此间萧散绝，随意倒壶觞。"

纳兰性德17岁入太学读书。他的气度和风雅，为国子监祭酒徐文元赏识，推荐给其兄——内阁学士、礼部侍郎徐乾学。18岁，纳兰性德参加顺天府应试，满腹才学的他轻易就考中了举人。

初恋：缘来缘去终憾事

读过纳兰诗词的人，都知道他年少时有一段刻骨的爱情。这样一个柔情似水的才子，倘若没有一段轻纱如梦的爱情，难免有些可惜。很多人都说，纳兰性德是《红楼梦》里贾宝玉的原型，似乎在他身上，真的可以寻到宝玉的影子。曹雪芹的祖父曹寅是康熙皇帝的侍卫，和纳兰有同事之谊。曹寅在一首诗中这样写道："忆昔宿卫明光宫，楞伽山人貌姣好。"楞伽山人是纳兰性德的号。多年以后的曹雪芹，捧着一本纳兰性德的《饮水词》，难道不会被这个风采卓然的才子所倾醉？所以他笔下的人物，在无意之中，必然会有纳兰的影子。

贾宝玉有了一个美若仙人的表妹林黛玉，上苍给了林黛玉惊艳的容颜，还给了她绝世的才情。上苍也给了纳兰这样一个表妹，一个父母双亡、孤苦无依、寄居在明府的表妹。没有人真正知道她的来历，也许这女子本有着显赫的家世，只因家道中落，才会寄人篱下。或许如同林黛玉一样，为了还债而来，还了她前世相欠纳兰的情债。

姑姑家的表妹是纳兰性德少年时代最好的伙伴儿。平常他接触的孩子太少了，父母到现在还没有再给他生一个弟弟或妹妹。那些到府中走动的富家子弟，他又实在与他们谈不到一块儿。只有表妹的到来，给落落寡合的纳兰性德带来巨大的欢乐。每每这时，一向沉静、讷言少语的他就变得格外活跃，话也显得特别多。他能想出各种各样别出心裁的游戏让表妹

人生若只如初见
——纳兰性德

开心，他会给表妹讲许许多多他从杂书上看到的神奇有趣的故事。每到这时，表妹总是睁着那双晶莹的大眼睛，一眨不眨地望着他。表哥是她心中的偶像，是她崇拜的英雄，是她的保护神。最让纳兰性德高兴的是表妹不似别的满族旗人家的女孩儿，不读书不识字，要么扭扭捏捏害羞得不肯与男孩子说话，要么就舞刀弄棍和秃小子没什么两样。表妹从来都大大方方的，可也不失小姑娘的文静。她不仅读书识字，而且也喜欢吟诗诵词，他们在一起最多的时候就是读他们喜爱的诗人的作品，也常常把自己作的诗歌小令拿给对方看，他们还爱做对诗联句的游戏，这是他们最快活的时候。表妹还弹得一手好古琴，每当她为表哥抚琴弹曲时，纳兰性德总是凝神屏气，他沉醉在那流水般的美妙乐音中，还用欣赏的目光望着也沉浸在音乐中的表妹那动人的神态和那在琴弦上飞动的纤柔灵巧的手指……

在纳兰性德看来，表妹是完美的。这是他生命中真正接触的第一位女性。不，第一位女性当然是母亲，孩子总应该和母亲最亲的。可是想到母亲，他心里总有些害怕还有点说不清楚的感觉。其实，他知道母亲很爱他，小的时候母亲总把他搂在怀里叫他心肝宝贝儿。可不知什么缘故，母亲常常会突然暴怒，对着被吓得呆若木鸡的女婢、下人大声吼叫起来。这时候母亲那张原本很丰满很好看的脸就会变得扭曲、丑陋、陌生。他害怕见到母亲这张脸，他更喜欢和哺育他的奶娘、侍候他的小丫鬟待在一起。渐渐长大了，尽管他每日晨昏必定恭敬、孝顺地去给父母请安，他从来不顶撞父母，但却在潜意识里有一种自己也无法说清的隔膜和距离……但是，现在与表妹在一起是那么轻松、愉快，还有一种只有和她在一起才有的温馨。时光一天一天过去，在青梅竹马、两小无猜的亲密中，纳兰性德和表妹，一个长成玉树临风、神采飞扬的英俊少年，一个出落得如花似玉、有兰心蕙质的小美人。两个人相视的目光里渐渐有了新的内容，欢快中带上了羞涩，亲密里夹着一份柔情。他们甚至不肯对自己承认这种微妙的变化，但心里却再也放不下对方，不见面的时候便多了一份带着甜蜜期待又有点折磨人的思念……

两家的大人也在用欣喜的目光注视着这对一天天长大起来的孩子。姑舅亲，打断骨头连着筋，亲上加亲不更好吗？他们已经私下谈论起两人的婚嫁，这实在是天造地设的一对呵！

纳兰性德与表妹不像儿时那么无拘无束了。他们不再紧紧偎靠在一起读一本书，甚至不再手拉着手在园子中奔跑。但是，他们相视的目光中却多了一份相知，话语中带着一份浓浓的情意。他们在温柔缱绻的相恋中编织着未来美好的梦，明媚而灿烂，他们精心地培植着心中那朵含苞待放的爱情之花。却不想，一股意外袭来的风暴使它夭折了。

表妹被选秀入宫。一对少年男女的美丽梦想永远破碎了。

那时候，按照清宫的惯例，每个待字闺中的满族旗人家的女子都有一次通过选秀入宫的机会。这是皇家恩赐给八旗女子的一次良机。一顶顶送往皇宫参选的花轿中载着多少女子的承恩梦。可是又有多少女子能得幸于皇上，她们当中又有几位能幸运地登上六宫的主位？紫禁城的高墙里锁住多少妙龄女子的青春，使她们失去了人间虽然平凡但是却实实在在的幸福，在那见不得人的去处断送了自己的一生。

也许这一切，少年纳兰性德此刻还无法体会到，但他却真正品尝到相思相爱而不能相望相亲的痛苦。他恨自己没能保护住表妹，更恨自己无法复仇。就仿佛一件最珍爱的东西突然被人抢走，而你连夺回的机会都没有。他痛苦、愤愤，又茫然无奈。他第一次感到生活中并不是所有的愿望都能顺理成章地实现，自己生命中一些最重要的事情并不能完全由自己把握。

人生若只如初见
——纳兰性德

他无法留住表妹，更无法阻止自己思念她，他多么想再见见表妹，哪怕就一面。但这回表妹不是回家，不是去串亲戚，也不是去出远门，她是进了那不得见人的深宫。宫墙是那么高、那么冷漠，宫禁的大门是那般森蔚威严。怎么进去呢？实在太难了。

机会终于来了，那一年适逢国丧，皇宫照例要做盛大的道场，纳兰性德灵机一动，这不正是进宫的机会吗？宫中举吊唁之事，后宫的人也要参加，如果能进宫，说不定真能见到表妹呢！他用钱贿赂了一个要进宫诵经的喇嘛。于是在一大群身披袈裟、垂首合十、口中念唱有词的喇嘛队伍中，便夹进一张眉目清秀的少年人的脸。在一身袈裟的遮掩下，纳兰性德混入宫中。只是他没有闭目念经，而在偷眼搜寻着一大群参加丧礼的宫人。他终于发现了表妹。

表妹高了，也瘦了，梳起两把头，虽然身着丧服，但仍掩不住她的天生丽质。她依然如花似玉，那张脸依然白而娇嫩，但却没有了红润，那神情也再没有了以前的天真灵透之气，看上去倒像一张虽然美丽却无血无肉的画儿。她此刻眼帘低垂，神情黯然，不知是在悲悼死者，还是悲悼自己死去了的青春与爱情。她万万没有想到，在一大群起劲儿唱着经的喇嘛中，正有一双灼热的目光在专注深情地注视自己。

纳兰性德心如刀绞，他多想呼唤一声表妹，哪怕表妹只看他一眼，他们也会从彼此的目光中得到一点慰藉和满足呵！无奈宫禁森严，咫尺天涯，纳兰性德又一次尝到相望不能相认、相见不能相亲的滋味，他怅然而归。

其实，关于纳兰性德这次伤心的初恋，至今仍是一个谜。所有的资料都散记在后来清人的笔记中，其真实性就要大打折扣。这次初恋究竟发生在性德多大年龄时？表妹何时入宫？性德宫中探望的那次国丧又是什么时候？或者干脆有没有表妹这个人？甚至有没有这次初恋？我们都只能是猜测。但是有一点却是真的，在纳兰性德的生命历程中肯定有过这种相爱不相亲的情感体验。它们的结局全部在凄美动人的词篇中完成了。

正是辘轳金井，满砌落花红冷。蓦地一相逢，心事眼波难定。谁省？谁省？从此簟纹灯影。

——《如梦令》

相逢不语，一朵芙蓉着秋雨。小晕红潮，斜溜钗心只凤翘。待将低唤，直为凝情恐人见。欲诉幽情，转过回廊叩玉钗。

——《减字木兰花》

年轻、多情的贵公子的爱情故事里有了一种固定的情节，爱情的男女主人公总是在幽静美丽的地点或氛围中相遇：辘轳金井畔，满地落红处，秋雨霏霏，斜阳残照，幽美确实幽美，但却总带着无法示人的凄清，它暗示着一种凄婉的结局。相逢总是蓦地，回廊一瞥全是偶然，但这偶然中却必然引出一见钟情、一片相思、一段佳话。然而，这爱情是注定没有结果的。

昨夜个人曾有约，严城玉漏三更。一钩新月几疏星，夜阑犹未寝，人静鼠窥灯。原是瞿唐风间阻，错教人恨无情。小阑干外寂无声，几回肠断处，风动护花铃。

——《临江仙》

最后只能把相思留在孤寂中，留在了然无痕的春梦里，留在小栏杆处

人生若只如初见——纳兰性德

无望的企盼中……这类的词作还很多，年轻的诗人对爱情、对人生已经有了深深的悲剧意识：人生有太多的缺憾，是如此地不完满，美好的东西与情感总是转瞬即逝，面对它你只能发出一声无奈的长叹。压抑久了便凝聚喷射出一声悲愤的呼号：

　　一生一代一双人，争教两处销魂。相思相望不相亲，天为谁春？
　　浆向蓝桥易乞，药成碧海难奔。若容相访饮牛津，相对忘贫。

——《画堂春》

成长：韶华东流生如梦

　　纳兰拜礼部侍郎徐乾学为师，徐乾学非常赏识这位青年才俊，他相信，终有一天，纳兰会如鸿鹄一样冲破云霄，去追求更远大的志向。

　　江苏昆山，人杰地灵，在这里的玉峰山南麓曾经矗立着一所著名的藏书楼——传是楼。楼主徐乾学是当地名流，那时候可以在徐氏宗祠里看到这样一副对联——"教子有遗经，诗书易春秋礼记；传家无别业，解会状榜眼探花。"上联是说徐家以儒家经典教育子弟，读书是他们人生的第一要务；下联更进一层，是说徐家的传家法宝就是读书，正是因为读书，徐家才有了一门的解元、会元、状元、榜眼、探花。

　　多年之后，徐乾学以沉痛的心情为自己早夭的学生纳兰性德撰写墓志铭，回忆起国子监的这一段岁月，他说：那年性德十七岁，当时的国子监祭酒（校长）正是自己的三弟元文。自己那时候还不认识性德，只是常听三弟说起他来,那神色与语气里满是爱惜与器重。三弟认真地说过:这个孩子绝对不是凡人。

徐乾学还讲起纳兰性德的居家生活,说他在家的时候,总是"闭门扫轨,萧然若寒素",如果有客人来访,他总是避而不见,只是"拥书数千卷,弹琴咏诗,自娱悦而已"。显赫的家世和傲人的才学完全可以使他飞扬跋扈起来,至少他也有着太值得自傲的本钱,可是,他却像一个隐逸的书生一样,过着一种自闭的生活,寂寞并享受着。就像在一座大大的客厅里,所有的人都在交际,都在客套,都在你认识我、我认识你,只有一个孩子不为所动,在角落里一言不发地摆弄着自己的玩具。

徐乾学在给纳兰性德撰写墓志铭的时候已经垂垂老矣,他回顾自己毕生的桃李满天下,说在这所有人中,若论天资之纯粹、识见之高明、学问之淹通、才力之强敏,再没有超过纳兰性德的。墓志铭里,徐乾学怀念纳兰性德的天资,说他"自幼聪敏,读书一再过即不忘"。巧合的是,在徐乾学家乡所修的县志上,几乎用了一模一样的话来描述徐乾学本人:"乾学幼颖悟绝人,读书一再过,终生不忘。"名师难求,天资过人的学生更难求,但在康熙年间的北京,一个天才的老师,一个天才的学生,就这样风云际会了。

纳兰性德并没有因为自己高贵的身份而骄纵,反倒是虚心求学,在名师的指导下,搜集大量的史料,编撰一部阐释儒家经义的大型丛书。纳兰性德耗费了整整两年的光阴,汇编了一本《通志堂经解》。书中收录了先秦到秦、汉、唐、宋、元、明的经解138种,纳兰性德自撰2种,共计1800卷。这本书一经问世,轰动朝野,从内阁武英殿到厂肆书籍铺,一版再版。后来被乾隆皇帝认为"是书荟萃诸家,典瞻赅博,实足以表彰六经"。他借助编修《四库全书》之际,命令馆臣将《通志堂经解》"版片

人生若只如初见
——纳兰性德

漫漶断阙者，补刊齐全，订正讹谬，以臻完善"，并作为《四库》底本刊布流传，用以"嘉惠儒林"。

而当朝天子康熙，对这位大清才子更是赏慕有加。他久闻纳兰明珠的长子纳兰性德是位神童，精通骑射，熟读诗文。也曾有过几面之缘，印象中的纳兰是位英姿勃发的倜傥少年，但每次都来去匆匆，没有真正接触过。他命身边的小太监传诏纳兰，在北京西山一水院凉亭相见，他想和这位才子促膝交谈，不受君臣之别的拘束。这时候的纳兰性德还在编著《通志堂经解》的过程中，但是康熙帝却有些迫不及待地想要见见这位才子。

当纳兰性德近距离地接触这位比自己仅年长一岁的天子时，他亦觉惊叹。因为眼前的康熙皇帝是那么的英明睿智，他的风采与纳兰容若有相似之处，但是他身上那种帝王独有的霸气，是纳兰所不能及的。他们一起俯瞰锦绣山河，看万顷苍池尽在脚下，有一种征服自然的豪迈与豁达。亭中小酌，论及国家大事，纳兰被康熙气吞河山的襟怀所倾倒，他的王者霸气，激起了一个男儿宏伟的志向与热情的骨血。而康熙亦被纳兰身上温情与柔软的气质所吸引，他的身上有着塞北男儿不曾有的儒雅与清绝。

康熙就是一只飞翔在旷野的鸿鹄，在广袤无垠的天空追风逐日，风云不尽；而纳兰则是一枝长在江南水岸的清越梅花，风骨洁净，情怀冰清。康熙看着纳兰在他面前落落大方，并不唯诺，便想起他素日以填词出名，于是问起他可有何新作，纳兰性德恰好填过一首词，此时正值秋高气爽，纳兰便随即读出他以前写的《水调歌头·题西山秋爽图》。

空山梵呗静，水月影俱沉。悠然一境人外，都不许尘侵。岁晚忆曾游处，犹记半竿斜照，一抹映疏林。绝顶茅庵里，老衲正孤吟。云中锡，溪头钓，涧边琴。此生着几两屐，谁识卧游心。准拟乘风归去，错向槐安回首，何日得投簪。布袜青鞋约，但向画图寻。

康熙没有多言，他深深被眼前这位俊朗的才子折服，他知道，不久后，纳兰终会为他所用。纳兰看到眼前的英明天子，他似乎觉得表妹慢慢会找到自己的幸福。这么多日的积闷，到此时突然觉得舒坦了许多，心中亦觉安慰。

北京的冬天很冷，接连下了好几场雪，明府花园的梅花争相绽放。都说梅花报春，意味着祥和与喜悦，草木最有灵性，知人心意。明珠相国府确有一桩大喜之事，康熙帝给纳兰明珠长子纳兰性德赐婚，娶两广总督、尚书卢兴祖之女卢氏。这一年，纳兰性德20岁，卢氏17岁。

接到圣旨的时候，纳兰明珠夫妇万分欣喜，一则因为卢兴祖之女卢氏，是出了名的端庄贤惠，颇有才情；再则是因了表妹那件事，性德脸上难见欢颜，且体弱多病，明珠夫妇希望此次新婚可以冲喜，让他彻底走出往日的阴霾，重新振作。而纳兰性德的心里则是万千滋味，他觉得自己已经可以平静地怀想表妹，但是却无法这么坦然地接受另一个女子。他又似乎在期待他美丽的新娘，因为这样可以忘记从前，重新开始。开始就意味着结束，如果可以交换，纳兰性德或许愿意割舍旧爱。

大婚之日，纳兰性德着一袭锦红华服，骑着白色的高头骏马，他是那么地清朗高贵。这个被从小称之为神童，长大后又才华满京城的新郎官，惹来百姓的围观。这是一场盛大的婚宴，璀璨的烟花似要燃烧所有的热情，和人间欢爱同生共死。

无需太多言语，只需给他一个温柔眼神，一句暖心的话语。纳兰性德想不到，他的新娘竟是这么一位落落大方、娴静美丽的女子。他温柔地与她相视，他的妻，这位叫意梅的女子，分明有十分媚骨，七分容颜，三分

人生若只如初见——纳兰性德

93

冷傲。他在心中筑起的那道墙，只因她几句话就倾倒。可他依旧那么不动声色，仿佛自己的动心意味着背叛，他不是一个薄情的男子，做不到在新婚之夜就彻底将旧爱遗忘，他做不到。

她懂，她知道他心里曾经住着一个人。聪明如她，不会看不出他在努力拒绝她。但她爱这个男人，从不曾见到他就开始爱上他，当他揭开她的喜帕，看到他一身锦衣华服，那么地俊朗、那么地高贵，就像一团绛红的云落在她身边，将她笼罩。她告诉自己，拼尽一切，也要将自己交付与他。

他喜欢这样的女子，善解人意，娇俏却静美。她的微笑，她的贞静，像极了表妹，但又不是她，如果说表妹是一朵梨花，是一枝荷，那么，意梅就是一枝素净的梅，是一朵优雅的牡丹。这样的女子，他无法不心动。他忽然觉得，这一切是上苍的安排，它曾经夺走了他的至爱，如今还给他一位绝代佳人。他应该满足，应该珍惜，应该感动。

然而婚后仅三年，卢氏因难产而亡，这给纳兰性德带来了莫大的精神打击，从此"悼亡之吟不少，知己之恨尤深"。

早殇：一宵冷雨葬诗魂

震耳欲聋的炮仗声迎来了康熙二十四年（1685年）。什刹后海北岸的明珠府，张灯结彩，一片喜气洋洋的热烈气氛，过新年了。这座京城最豪华、最气派的私家府第之一，此刻正敞开着大门，迎接进进出出来拜年的高官显宦们。

明珠端然坐在大堂正中的太师椅上，现在他的官职是武英殿大学士、太子太师。所谓皇帝一人之下，万人之上，朝中最有实权的人物。有谁敢不仰视他呢？此刻明珠那张富态、几乎看不到皱纹的脸上正挂着雍容、矜持的微笑。他绝不会想到，新年伊始，会有什么人、什么事给他带来不快，更不会想到，让他不快，何止是不快，简直让他无法承受的打击，竟来自他最珍爱的长子，纳兰性德。

这时候，这座豪华府第的年轻主人，刚迈入而立之年的纳兰性德在沉默着，沉默得与他四周热烈喜庆的节日气氛全然不同。这些日子他常常独自在书房中，或长时间伏于案头，或一声不响地在屋中来回踱步。棱角分明的嘴紧抿着，清瘦的面庞异常严肃，他在思考一件大事。

年轻主人纳兰性德要娶汉家民女沈宛的消息，像一颗炸弹在相国府中爆炸了，引起巨大的冲击波，而震动最大的当然是明珠。缓过神儿后，他的第一个本能的反应是：坚决反对这桩姻缘。

在纳兰性德的记忆中，这是自己与父亲间第一次正面冲突。在以往的岁月中，父亲从来都是自己所有要求与意愿的支持者，他还从来没有拒绝过自己的请求。但他知道这次，在娶沈宛这件事上他与父亲的冲突将不可避免，而且今后在许多事情上的冲突也无法避免。

明珠不明白，儿子周围有那么多如花似玉的千金小姐，他不去看一眼，为什么非要千里迢迢去迎来一位汉家民女？不错，这女子会些诗词曲赋，这都是儿子所酷爱的，但偌大的京城里不少青楼女子都会吹拉弹唱、吟词诵诗，儿子你去哪里我都不反对，谁没有年轻、风流过呢？可现在儿子偏偏要把这汉族民女娶回家。先不说堂堂的相国府、满族贵胄之家迎进一位汉家民女，门不当户不对，不成体统。更严重的是，儿子这样做已经传递出一个明确的信号，今后他不会再迷恋仕途，也不再留心富贵显达，

人生若只如初见——纳兰性德

这本来是摆在他面前的一条顺理成章的道路，儿子向往的是普通人的生活，他要走向平民。联想儿子近些年来日益加重的忧郁情绪，愈来愈不加掩饰地表现出对仕途与侍卫生涯的冷淡、厌倦，且愈来愈频繁地与那些汉族文士往来。儿子与他之间日益加重的疏离与陌生感，忽然全都找到了答案：儿子正在走向一条与自己完全不同的道路。

认识到这一点，明珠受到极大的打击，他怎么也想不通，自己倾力培养儿子，竟会是这样的结果。在官场上还从未输过的他，此刻却有一种深深的挫败感，一种积蓄了许多年的希望、梦想突然全部落空的挫败感浸漫着他的心头。

纳兰性德深深爱上了沈宛，就像当年深爱卢氏一样。当然，又与和卢氏的爱情有所不同。那时，他与卢氏是一对少年夫妻，新婚燕尔，充满激情、热烈忘情的爱，那爱似奔腾的一江春水，汹涌着、激越着，一泻千里，势不可当。而这一次，是一个成熟了的男人的爱，是一个经过了人生风风雨雨，心存忧患，尽管刚到而立之年，却已倍感沧桑之人的爱。这爱是深沉的，执著又长久，就像一秋潭，水面波纹不兴，水下却涌动着湍流旋涡，跌进去就再难走出来。

纳兰性德第一次违拗父母的意志，第一次违背他多年遵守的儒家的圣贤教化、孝经礼道，第一次按照心灵的指引做了一件令自己满意的事情：他娶了沈宛。这也就注定了他与沈宛的结合将是一个悲剧。

因为有续娶的官氏，所以沈宛的身份只能是一个妾。因为相国府里容不下一个汉家民女，性德只能将沈宛安置在京城一座幽雅僻静的小院内。白天，纳兰性德仍然要去宫中入值，忙于公务；晚上还要先回府中，照例给父母请安，关照妻儿，然后才能回到小院与沈宛相会。

婚后的日子甜蜜与苦涩相伴，且乐少苦多。纳兰性德的身体状况很糟糕。南方之行患的病还未完全恢复，与家庭冲突带来的内心痛苦又使体质更弱了。唯有慧心人沈宛爱他、照顾他、安慰他。

在这场婚姻冲突中所有人的痛苦里，最苦的要数沈宛。告别了山明水秀的故乡，告别了父母双亲，沈宛为了爱情，千里迢迢，勇敢地来到这片陌生的土地。偌大的宰相府没有她的容身之地，偌大的京城唯一的亲人就是她挚爱的纳兰公子。可是公子并不完全属于自己，他常常披星而出，戴月而归，漫长的白日常常只有她独自一人打发。青春的寂寞，对心爱人的牵挂煎熬着她。白天还能读读书，而当夜幕降临时她便心绪不安，她盼望丈夫归来。她独自坐在轩窗下，透过茜纱窗幔痴痴地望着那轮冷月。凄清的月光洒在地上，地上泛着冷冷的光。这时她的耳朵格外敏感，捕捉着丈夫归来的马蹄声。丈夫不回来时她仍然在等，常常不知不觉睡着了，而醒来时灯还亮着，可依然是独自一人，泪水早已湿了罗裳。偶尔，纳兰性德不入值在家的时候，沈宛感到无比快乐，就仿佛过节一般，但节日总是少得可怜。似乎只有作诗填词能排遣一些孤独寂寞，可是那诗篇词句怎么一写出来便那么哀伤凄婉呢？她不敢给丈夫看，怕引起他的感伤。她很少再写了，但不写诗作词自己还能做什么呢……

纳兰性德看在眼里，疼在心上，他的心何尝不在淌血。现在每日再去宫廷入值、陪御驾出巡、周旋于官场对他已形如苦役，他一步也不愿意离开家，离开他与沈宛的家。可是他又必须得去，在无可奈何的悲愤郁闷中便又多了一分对沈宛的放心不下。

经过漫漫长冬，春姑娘姗姗来临，京城的早春，寒风依然料峭，使人感受不到一丝暖意。沈宛带着北方的寒气与内心的凄冷返归南国。沈宛走了，也带走了纳兰性德的希望与欢乐。所有幸福、希冀与憧憬又似一场春梦烟消云散了。

人生若只如初见
——纳兰性德

纳兰性德变得木然、淡漠、心灰意懒，他依然每日去那小院。

> 昏鸦尽，小立恨因谁？急雪乍翻香阁絮，轻风吹到胆瓶梅，心字已成灰。

——《梦江南》

美梦消失了，纳兰性德只有愤恨。可究竟该恨谁？自己的软弱？可憎的身世？丑陋的现实？无法抗拒的命运？

乙丑年的春天，纳兰性德在病榻上躺了很久。病魔在身，他有理由这么躺着。他就这么静静地躺着，想着自己的今后。他要向皇上告长假，然后在家中从容地披经读史，研究性命之学。他还要编一部有些分量的词集。对了，还要好好钻研一下古文，年轻的时候只顾痴恋长短句，竟把古文疏忽了……再然后，他要与朋友结伴下江南，在那片向往已久的土地上生活，寄情山水与沈宛白头偕老。沈宛，他念及这个名字，一阵酸楚，思念、沉重便一齐涌来，现在正是江梅盛开时节，沈宛她生活得好吗？

> 欲问江梅瘦几分，只看愁损翠罗裙。麝篝衾冷惜余熏。可耐暮寒长倚竹，便教春好不开门。枇杷花下校书人。

——《浣溪沙》

五月二十三日，明珠府西花园里，顾贞观、姜宸英、梁佩兰、吴天章还有纳兰性德，一次南北名流的聚会。见到老朋友，纳兰性德苍白清瘦的面庞上兴奋得泛起一片红晕。他高兴地引着大伙在园子中漫步徜徉。纳兰性德的情绪尤为高涨，好久都没有这样发自内心地朗声大笑了。可是朋友们还是看到他脸上浮着一层掩饰不住的倦意，而且那身本该在春秋雨季才穿的夹层青缎马褂和黑绸坎肩，此刻套在他瘦得都有些嶙峋的身子上，肥肥大大，和友人们的夏衫夹在一起，与这闷热的夏日那么不谐调。他们知道，纳兰性德并没有彻底痊愈，他在强打精神。

最后他们来到园子南端的一个小庭院，这是纳兰性德的住所。每年的春天，纳兰性德都要从府中搬到西花园住，只是今年春天一直闹病，所以前几天，马上就要进入盛夏了他才搬进来。纳兰性德吩咐人就在庭中摆席设宴，款待他的友人。热酒浓情，大伙边吃边聊，畅叙友情，谈别后遭际。

酒罢歌阑，自然又少不得赋诗填词，酬唱相和。纳兰性德指着庭前那两株今年第一次开花就开得无比灿烂的夜合花，建议就以此为题，各赋诗一首，几人群相呼应。于是有的铺陈素纸，有的倚榻苦冥，有的来回踱着步子，一个个陶觞抒咏，挥洒情怀……

凝望着那两株亭亭玉立、缀满白色小花的夜合花，纳兰性德的双眸渐渐有些潮湿了。这夜合花的生命力真强啊！前年从西山挖回来，自己亲自栽在这屋前时，它还那么单薄弱小，可现在竟郁郁葱葱、枝繁叶茂，还开满白朵的花。这花小得毫不起眼，但它开得蓬勃，透着灵性，舒展着生命的从容。它消我愤，慰我心魂，令我亲切……

人生若只如初见
——纳兰性德

阶前双夜合，枝叶敷华荣。

疏密共晴雨，卷舒因晦明。

影随筠箔乱，香杂水沉生。

对此能消忿，旋移近小楹。

一首五律《夜合花》一挥而就。忽然，一阵剧烈的头痛。

傍晚的时候天阴得更沉了，空中聚集着乌云，暴雨将至，朋友们告辞，相携而去。纳兰性德回房中和衣躺下，又一阵剧烈的头痛。体内积蓄已久的邪气终于狞笑着、毫不留情地向他扑来。如此凶猛、突兀、狂暴、不容分说……

窗外，大雨骤然而降。

1685年7月1日，诗人纳兰性德静静地躺着。七天七夜了，他年轻的生命完成了最后一搏，现在要真正地安歇了。这些年，他活得实在太累，该好好歇一歇了。他无声地躺在那里，躺在那里的只是躯壳，诗人的灵魂已经乘着五彩的云轻轻扬扬飞向空阔的天际。呵，天空真蓝、真大、真美啊！

十年辛苦不寻常

——曹雪芹

　　曹雪芹（约1715—约1763年），清代伟大的小说家。名霑，字梦阮，号雪芹，又号芹圃、芹溪。《红楼梦》的作者。

　　曹雪芹的曾祖曹玺任江宁织造；曾祖母孙氏做过康熙帝玄烨的乳母；祖父曹寅做过康熙皇帝的伴读和御前侍卫，后任江宁织造，兼任两淮巡盐监察御使，极受康熙宠信。曹雪芹自幼生活优裕。随着雍正即位，初年，因受内部政治斗争的牵连，曹家遭受一系列打击，日渐衰微。曹雪芹深感世态炎凉，对封建社会有了更清醒、更深刻的认识。他蔑视权贵，性格傲岸，过着贫困如洗的艰难日子。文章憎命达，正是在这种艰苦环境下，他才创作出杰出的小说《红楼梦》。为这部书，他"披阅十载，增删五次""字字看来皆是血，十年辛苦不寻常"。

出生于显贵之家

雍正二年闰四月，即1724年4月26日，江宁织造曹兆页家里传来了喜讯："皇天喜赐麟儿"，曹家有了新后代！中国的文学天空中一颗光芒四射、璀璨夺目的巨星，冉冉升起。

这个人就是曹雪芹。

按照中国的习俗，孩子诞生满七日那天，做父亲的就必须在给家中新添的孩子取一个象征当时的心情或寄予自己希望的名字。曹家自然也不例外。

"就叫霑哥儿——上边雨字头，下边是个'三点水'的。人们都说这场雨是这个孩子带来的，就从这雨上起名字。"

"霑"从中国的《辞海》中我们可以知道他是雨雪水量充足，灌溉稼禾的意思。《诗经》里也有"既霑既足，生我百谷"的诗句。写进家谱中的"曹天霑"，是曹雪芹出世时父亲给取的名字，而广为人们熟知的"曹雪芹"则是作者落魄以后自己给自己取的名字。

曹雪芹周岁这一天，曹家为其举行了隆重的"抓周"礼式。说起"抓周"，曹家的祖上有这样一段历史佳话：曹家的宋代祖宗，开国元勋武惠王曹彬，曾留下一段美谈，以至于正式被载入《宋史》官书之中。曹彬小时，举行隆重的抓周礼，大家只见那小孩对那百般物件一概不顾，一手抓起一支长柄的兵器（古时称为"戈"），跟着另一手便抓起一个金印（从古至今均被视为是高官厚禄的象征）！于是乎家人大为兴奋，都说这孩子将来定会武功超群，官居极品。不知是巧合，还是命运真的是如此，曹彬后来真的成为宋朝的一位大将军，官至枢密使——可以说是最高军政长官了。

那么，曹雪芹的"抓周"将预示着他未来怎样的命运呢？

在《红楼梦》一书中写到了主人公贾宝玉降生一周年"抓周"时的情景："……子兴冷笑道：'万人皆如此说，因而乃祖母先爱如珍宝。那年周岁时，政老爷便要试将来他的志向，便将那世上所有之物摆了无数与他抓取。谁知他一概不取，伸手只把此脂粉钗环抓来。政老爷便大怒了，说将来酒色之徒耳。因此便大不喜悦……'"（摘自《红楼梦》第二回）

原来，用当时世俗社会的价值观去评定曹雪芹，他就只能是曹家的"不肖"子孙！这个"不肖"，可以作为曹雪芹一生的最好注脚，也是《红楼梦》这部传世之作的基本色调。

正如《红楼梦》第一回中贾宝玉出场时的那首《西江月》写道：

"天下无能第一，古今不肖无双！"

说到曹雪芹，就不能不提提曹家。可以说，曹氏家族命运的沧桑变化在改变了曹雪芹命运的同时，也成就了这位伟大的作家。

明初的时候，有一个叫曹俊的人到辽阳担任指挥使，这是一个武将的职位，子孙可以继承。曹俊在这里定居了下来，其后代继承了他的职位，世世代代在这里繁衍，逐渐发展成为本地有名的望族。而到了公元1621年，努尔哈赤带兵攻打辽阳，当时在此镇守的是曹雪芹的高祖父曹振彦及其父亲曹世选。他们兵败后被清军俘虏，加入满族，并成为皇家的奴才。当时有着这种命运的人还很多，在那样一个兵荒马乱的年代，什么事情都是有可能发生的。曹雪芹的高祖曹振彦后来随清兵入关，冲锋陷阵，立下

十年辛苦不寻常

——曹雪芹

许多功劳，因此他不断得到升迁。在做了几任地方官员后，他由武职改为文职。而曹家真正的发达是从他的儿子开始的。曹振彦有两个儿子，其中长子叫曹玺，他是曹雪芹的曾祖父。与父亲相比，曹玺得到了皇帝更多的信任与重用。曹玺本来就才智过人，再加上他与皇帝的特殊关系，就更使得他如虎添翼般地在仕途上畅通无阻。原来，曹玺的妻子孙氏在康熙帝小的时候做过其保姆，这个职位虽然算不上显赫，却与皇帝有着非常亲近的关系。康熙皇帝即位第二年，便给孙氏的家人安排了一个很好的职位，那就是让其丈夫曹玺出任江宁织造。

江宁织造是什么职位呢？说得直白一些，就是帮皇帝采办服饰、绸缎、布匹等生活用品，监督绸缎、布匹的制造。虽然其级别不高，但是却有很大的盈利空间，能从中捞到不少好处。另外，值得一提的是，这个职位是由皇帝亲自任命的，可以直接向皇帝上奏折，报告各种情况，因而受到皇上的重视。就这样，曹氏家族从辽阳迁到北京，又从北京迁到南京，祖孙三代担任江宁织造，在南京相继生活了60年。本来江宁织造是三年一轮替的，但康熙皇帝不仅让曹玺长久担任这一职位，而且还将这一职位变成了世袭，允许曹玺的儿子接任。这种特别的优待使曹家很快发达起来，成为江南有名的望族。曹氏家族的鼎盛时期是在曹雪芹的祖父曹寅时。曹寅是曹玺的长子，从小就聪明过人，长大之后，更是才华横溢，他曾受康熙皇帝的委派，负责《全唐诗》《佩文韵府》的刊刻工作，康熙对他的重视与喜爱可见一斑。曹寅善于写作诗词，他很喜欢戏曲，曾创作了不少剧本，在家里还养着一个戏班。曹寅爱好读书，据说他在家的藏书有3200余种。他积极地与当地文人交往，在当时的江南文坛上有着很大的影响。经过他的熏陶，曹家逐渐成为了一个书香门第，充满着浓厚的文化气息，可以说，曹雪芹就是在这样一种十分优雅的氛围中成长的，其诗人气质和丰厚的学养与这种家庭环境密不可分。

康熙二十三年（1684年），曹玺去世。过了没几年，康熙就打破惯例，让曹寅接替他的父亲，担任江宁织造。曹寅小时候曾担任过康熙皇帝的伴读，与皇帝可以说是一种君臣加朋友的关系。康熙曾经六次到南方巡游，其中四次是住在曹家。然而，皇帝的信任和宠爱并不总是好事，曹家很快就尝到了信任与宠爱背后的苦涩，那就是亏空！那时的财务没有严格的制度，做不到公私分明。清朝是专制王朝，皇帝的"私"与国家的"公"经常会纠缠在一起，难以分清。康熙四次南巡，住在曹家，这固然是许多大臣渴望得到的宠爱，但有一点是十分明确的，那就是皇帝及其数量庞大的随从的各项开支必须由曹家承担。帝王生活的豪华与奢侈我们不难想象，这是一笔多么大的开支。除此之外，曹家还必须向皇帝随行的大臣、宦官以及皇子们行贿，以确保他们不在皇帝面前说自己的坏话。再加上曹家本来就是一个名门望族，其自身的开销已经很大。这样，各项开支加在一起，已经远远超过了家族的收入，逐渐形成了巨大的亏空。亏空对一个政府官员来说，是一项很严重的罪名。朝廷倘若严格追究起来，会受到严厉的惩罚。康熙为了保全曹家，经过再三斟酌过后，要求曹寅想办法填补亏空的白银180万两。尽管这个数字比实际亏空的要少出很多，但它仍然是个天文数字，填补起来相当困难。曹寅还没来得及填补全部亏空，就于1712年去世，曹家鼎盛的神话一去不复返了。

曹寅的儿子曹兆页继续接任江宁织造，但是康熙帝的去世，雍正皇帝的登基，使曹家本来就逐渐走向衰败的局面在瞬间坍塌。雍正帝不仅不待见曹家，而且处处找他们的麻烦。雍正五年（1727年），雍正免去了曹兆页的官职，并罗列了其三项罪名：行为不端、织造款项亏空和转移家庭财产。还派人抄家，并没收了曹家的全部家产和仆役，曹家就此

十年辛苦不寻常
——曹雪芹

败落了下来。

曹雪芹出生时，曹家已经走过了最为辉煌的时期，但离雍正五年的抄家尚有一段时间，家族内部依然歌舞升平、灯红酒绿、迎来送往，热闹非凡。小雪芹就是在这样的环境中度过了一段富贵繁华、快乐安逸的贵族生活，见识了家族的各类人物、诸种排场。更为重要的是，富裕的家庭条件也使他受到良好的教育和文化熏陶，这对他日后的小说创作有十分重要的影响。这段幸福的生活给曹雪芹留下了十分深刻的印象，成为他终生难以割舍的一个情结。

聪慧博学，不喜八股

曹雪芹小时候最爱听西洋人讲外国故事。有一位英国丝绸商人名叫菲利浦·温士顿的，到了南京，结识了曹兆页，二人相交颇为投机，曹兆页请他传授西方的纺织技术，在交往的时候，东道主经常即兴赋诗，以抒情怀。作为酬谢，菲利浦就讲一些《圣经》故事，或者莎士比亚剧本的故事给主人听，经常讲得绘声绘色，引人入胜，于是就吸引得曹府上上下下都在偷偷地传述着西洋故事。在菲利浦来访的日子，小雪芹经常偷偷地走到附近入迷地窃听那些动人的情景。当曹父获知此事时，十分生气，恼恨这个不听话的孩子的越轨行为，于是把小雪芹狠狠地打骂了一番。这段情景，被曹雪芹写到了《红楼梦》中宝玉受虐待上。小时的雪芹由于经常违反定规，所以总是备受打骂，因而他在描写贾父痛打宝玉的时候，才能把其时、其情、其景写得栩栩如生。

宝玉急得手脚正没抓寻处，只见贾政的小厮走来，逼着他出去了。贾政一见，眼都红了，也不暇问他在外流荡优伶，表赠私物，副淫母婢，只喝命："堵起嘴来，着实打死！"小厮不敢违，只得将宝玉按在凳上，举起大板，打了十来下，宝玉自知不能讨饶，只是呜呜地哭。贾政还嫌打的轻，一脚踢开掌板的，自己夺过板子来，狠命地又打了十几下。

　　宝玉生来未经过这样苦楚，起初觉得打的疼不过，还乱嚷乱哭，后来渐渐气弱声嘶，哽咽不出。众门客见打的不祥了。赶着上来，恳求夺劝。贾政那里肯听？说道："你们问问他干的勾当，可饶不可饶！素日皆是你们这些人把他酿坏了，到这步田地，还来劝解。明日酿到他杀父杀君，你们才不劝不成？"

　　……一见王夫人进来，更加火上浇油，那板子越下去得又狠又快。按宝玉的两个小厮，忙松手走开，宝玉早已动弹不得了。贾政还欲打时，早被王夫人抱住板子。贾政道："罢了，罢了！今日必定要气死我才罢！"王夫人哭道："宝玉虽然该打，老爷也要保重。且炎暑天气，老太太身上又不太好，打死宝玉事小，倘或老太太一时不自在了，岂不事大？"贾政冷笑道："道不要提这话！我养了这不肖的孽障，我已不孝；平昔教训他一番，又有众人护持，不如趁今日结果了他的狗命，以绝将来之患！"说着，便要绳来勒死。

　　（摘自《红楼梦》第三十三回）

十年辛苦不寻常
——曹雪芹

　　就在小雪芹沉醉在各种各样动人故事中的时候，雍正五年（1727年），曹家在政治风浪中勉维残局的能力达到了极限——一系列的新事态发生了——曹氏一门终于家遭巨变！

仿佛就在一夜之间，小雪芹就成了犯官罪人的孽子孤童。此时的小雪芹才只有五岁，可是他的生活之路却走到了人生的第一个重大转折点。从此，曹雪芹的京外生活也随着家道的衰败而结束。他不得不随着父亲的犯罪，被迫逮问还京，还"享受"到了浩荡的皇恩，住进了新拨给的恩赏住房。曹雪芹的北京新居，坐落在外城的东偏方向，崇文门外直对的南面，有一个叫蒜市口的地方。在这里，朝廷给曹家安排了一个小院子，属于北京最简单不过的"四合院"规格：正房五间，东西厢房各三间，南房三间，加上厨房、厕所或放置杂物的房间等，加起来正好有十七间半房屋，可以称之为"单细胞四合院"，尽管在当时是低级的住宅，但仍然是一个独门独户的封闭式宅院。尽管当时的曹家已成了犯官，但是曹家毕竟是内务府的旗人，与汉人还是有区别的。然而他们却没有了在北京城内居住的权利。当时的北京由内城外城组合而成。内城基本呈方形，是专由满洲旗家居住。外城在内城之南，以墙为界，呈长方形（东西长，南北短），由汉民居住。外城的房宅，与内城不尽相同，特点是比较狭小，十分拥挤，多为中下层人民聚居地，很少有像内城那样的大府巨邸。小雪芹生活在这样的地方，对他后来的成长起到了决定性作用。他从此远离了皇室、满族贵官、八旗武士等上流社会所带来的气氛，但是相应地他也就有了更多的机会与普通百姓和一些当时中下层社会的各式各样的人接触，看到形形色色职业的技艺。他居住的这个地方，对他日后萌发写作小说《红楼梦》有着密切的关系。

就在这种环境下曹雪芹到了上学的年龄。关于他的聪慧，人们有这样的传闻："四岁已读毕四书五经！"一般说来，一个学生要读完这些艰深的书，快的也需要读到二十来岁。四岁就读完，这是不可想象的奇事！这似乎有点夸张，但是至少有一点是应该相信的：少时的曹雪芹赋性颖慧异常，远近闻名！

我们试着想象一下曹雪芹上学时的情景：

在王府的二门外前院里，一个跨院十分幽静，小小三间正房，一明两暗。进了正门堂屋，朝北立着一面雕刻的木龛，内中供着一面牌位，上面大书"大成至圣先师孔子之位"。龛前有供案，陈设着古色古香的祭器。学童进来，先要向牌位恭敬行礼——双手抱拳，将身躬曲向下，手随身屈到腹膝，然后躬身进入里间，先生靠山墙设一大案，案上有书，有文房四宝，以及不可少的戒尺。案后一大木坐榻，上设质地高雅而朴素的大靠背和极厚的大坐褥，老师可以舒适地端坐或倚靠，或盘膝或垂腿。学童一进屋，先要向先生深深地一揖，然后悄无声响地找到自己的座位坐好。学生到齐，老师才开始讲课。在这种条件下，曹雪芹受到了良好的文化教育，特别讨人喜欢的他见了人礼数周详，举止优美，凡是见过他的人没有不称赞的。特别是他进了学房，仪容款段，竟然超过了王公家的子弟，于此老师已是另眼看待，等到他一开始功课，更是让老师叹为奇才了。人们常常把那些聪明颖慧超众的人才用"一目十行""过目成诵"等词语来形容他们的过人之处。对于小雪芹确实是这样的，清代书本的款式，一般是每行十六七个大号的汉字，智力不高的，每日学二三行书，还记不住。但是对小雪芹确实是一目数行俱下，只念两遍，就能背诵如流了。同时令人可喜的是，他不但学得快，而且有极高的悟性——他能明白书中所讲的道理，得其精义，不是死背书。

终日死板地认字、背书是不能满足他的求知欲望的，很快曹雪芹就偷偷地转入了另一个新的阶段：即"杂学"的涉猎和追求。在那时候，读那些四书五经等经典文章，是为了做"八股"文章。在当时，除了这个算

十年辛苦不寻常
——曹雪芹

是正学以外，其他一切学问都被归到了杂学里面，自然身份也就不高了。曹雪芹最厌恶这种"八股"文章，这一点在他后来的小说里表现得十分清楚：把那些醉心于八股文的人，叫作"禄蠹"。他笔下的贾宝玉便"愚顽怕读文章"，天性不守正规的曹雪芹，很快对那些真正展露才华、抒写灵性的中国古代的诗文辞赋，以及被士大夫轻贱的民间通俗文学——小说、剧本、弹唱曲词等产生了浓厚的兴趣。他从各地借来杂书，广泛地涉猎、贪婪地汲取其中精华之处，这些书，为曹雪芹展开了一个丰富多彩的世界。于曹雪芹而言，不但是学识的源泉，也是教养的炉冶，文化的甄陶。特别是那些书中的"批点"对曹雪芹的影响更是不可估量。他尤为倾心金圣叹的批点，经常为之倾倒，忍不住拍案叫绝。

曹雪芹与《红楼梦》

曹雪芹积一生心血、花十年时间写下《红楼梦》。一部《红楼梦》，写了金陵十二钗尚嫌不足，又要写金陵十二副钗。一大群女子，携带着她们各自的命运向我们涌来。而200多年前，她们都在曹雪芹的眼前、笔下、睡梦中。作者化身为贾宝玉，与她们同呼吸共命运。亲历并见证豪门大族之败、封建大厦之倾。鲁迅讲得真好："悲凉之雾，遍被华林，然呼吸而领会者，独宝玉而已。"荣华富贵一场梦。美好女性一场梦。一位清代作家写小说，名和利都谈不上。"小说者流，盖出于街谈巷议……"曹雪芹这三代豪门子弟，忍饥受寒还遭人白眼，"披阅十载，增删五次"，他每天在破窗下写呀，写呀，他究竟是为了什么呢？曹雪芹写作的地点，是北京的西山。书中展开的场景，是北京与南京（金陵）的混合物。曹雪芹一头扑进太虚幻境，过上了好日子，谁也不能把他拉回头。"举家食粥酒常赊"，家人跟着他受苦，他好像全无知觉。

曹雪芹初名曹霑，字梦阮，后自号雪芹。雪芹二字，源自苏轼咏黄州东坡的诗句。梦阮是梦见阮籍的意思。阮籍是晋代"竹林七贤"中的二号人物，仅次于嵇康。阮籍有两个特点：狂放傲世；向往女性。他对权贵用白眼，对美好女性则用青眼。这人挺好玩儿。玩的背后是风骨。曹雪芹追慕苏轼、阮籍，其生存向度是清晰的。苏轼一遇苦难便超然，"文化本能"深入骨髓；贬黄州像个隐喻：从三州太守的荣耀一下子跌入乌台黑狱，受尽凌辱恫吓，出狱后拖着老婆孩子到黄州开荒种地，却进入艺术的"井喷期"，苏东坡横空出世，佳作如潮俨然天赐。曹雪芹对这隐喻、这文化符号了如指掌，家道中落之后，他自号雪芹、芹溪、芹圃，寓意深焉。苏轼对他身边的几位女性又那么和风细雨，包括对乳娘任采莲。曹雪芹心向往之，不是偶然的。苏轼又是文化的全能，生活的大师，对年轻的曹雪芹有精神的指引。再看曹雪芹之"梦阮"：阮籍傲视权贵，动不动就翻白眼，长啸而去。他不屑做权倾天下的司马昭的儿女亲家，大醉60天，疯癫可爱。这股疯癫劲儿，贾宝玉的身上不是常见吗？阮籍追美女，亦是桩桩件件事迹昭彰，比如：不相识的美女死了，他竟然连滚带爬奔悼红颜，当众抚棺大哭一场。这情痴，又酷似写"芙蓉女儿诔"和痛哭林妹妹的贾宝玉。

曹雪芹的祖父曹寅，是康熙年间的一位诗人兼出版家，编印过《全唐诗》，是纳兰性德的朋友，而纳兰词偏重儿女情。曹寅还擅长书法，懂建筑园林，爱看野史小说，喜欢戏曲，与《长生殿》的作者洪升交厚。他曾不顾官员身份上台演戏，与卑贱的优伶们配合默契。作为一名"准八旗子

十年辛苦不寻常
——曹雪芹

弟"，曹寅亦熟悉声色犬马、各类市井习俗。这家学、这传统，在他的儿子曹頫身上得以延续，到他的孙子曹雪芹，发扬光大。曹雪芹的一生，通过《红楼梦》，向我们显现了两个努力的方向：精英文化与世俗生活。将二者融为一体，多少文化英雄耗尽心血，终归于一声叹息。但苏东坡做到了，曹雪芹也做到了。

"举家食粥酒常赊""十年辛苦不寻常"。

这两句诗分别是敦诚、脂砚斋写的。敦诚、敦敏兄弟俩，是曹雪芹落难后居北京西山小村时的好朋友。脂砚斋，则是曹雪芹的红颜知己。这是一个美丽的名字，是伟人身边的奇花异草。曹雪芹在小说中曾提到苏东坡的侍妾朝云。朝云在患难中显示了她的忠诚，而脂砚斋更胜一筹，将她丰富的情感、惊人的才华注入《脂砚斋重评石头记》。脂砚，顾名思义，以脂粉作砚台，又取"肤如凝脂"的隐喻。脂粉香与书香、墨香混为异香。曹雪芹为千红一哭，呕心沥血，油尽灯枯。脂砚斋为曹雪芹泪洒相思地……

贾、史、王、薛四大家族，一荣俱荣，一损俱损。《红楼梦》写了一个家族的兴衰史，将其余三个都捎进去了。书中人物，以宝玉为核心层层扩展，扩至三个、三十个、三百个……据学者考证，涌至雪芹笔端的，共448人。真是一场大梦，难怪一做十年。

曹公十年梦，迷倒亿万人。

《红楼梦》很可能是一本写不完的书。再给曹公十年，他还会写下去，改下去。画家、音乐家亦有类似情形，作者近乎本能地抵抗作品的完成。写完最后一个字，然后罢笔了事，对曹雪芹显然是很要命的。画上句号，意味着大梦结束，重现的时光又溜走。他刻画了那么多人物，精心营造了大观园、荣宁二府，他可万万舍不得自己把自己从乐园中赶出来。曹

大清文豪故事

雪芹埋头写这巨著，最初是几万字的中篇《情僧录》或《风月宝鉴》，然后是《石头记》，最后是程甲本《红楼梦》。版本多，抄本多，续作十几种。从脂砚斋评语的线索看，曹雪芹确实写到了八十回以后，写到了黛玉死，是否写完则属未知数。他丢失的原稿有多少，仍属未知。

始于20多岁的《情僧录》或《风月宝鉴》，充满了富贵气象，女人们占主角。有出息的男人都在外面为乌纱帽而奋斗，曹雪芹却在园子里赢得了女性视角，看透了男人的扭曲变形。看透是说：作家深入了女性世界，于是看透了与清爽女性相对立的、污浊的男性世界。中国历史，中国文化，这可是不折不扣的破天荒头一回！一部《红楼梦》，首要价值在此。其次才是家族兴衰的巨幅画卷。再次，方为社会学家们津津乐道的各类专史：礼俗史、馔肴史、建筑史、园林史、服饰史、中药史、游戏史、奴婢史、优伶史、诉讼史、交通史、占卜史、殡葬史……

所有这些具有时代特征的专史，抵得过几千年华夏女儿的辛酸史吗？

如果曹雪芹一直待在女儿堆中做他的"混世魔王"，那么，他也看不清女儿世界，不会为这个由他发现的清爽世界振臂欢呼。他的生存有悖论，有剧烈的矛盾冲突。当性别意识浮出水面，他一定是很不痛快，面临着性别分裂的难以名状的痛苦。而父权的压力、"仕途经济"的催逼，使他迈出了决定性的一步，对男人厌透了，并把这种厌烦上升到价值判断的层面。"女儿是水做的骨肉，男子是泥做的骨肉，我见了女儿便清爽，见了男子便觉浊臭逼人。"曹雪芹终其一生，最想说的就是这句话！有此一句还不够，作家又生发说："凡山川日月之精华，只钟于女儿，须眉男子不过是些渣滓浊沫而已。"

一锤定音了。这一锤敲出来的，却是黄钟大吕。

十年辛苦不寻常
——曹雪芹

《红楼梦》写人性，这一目了然。《红楼梦》是在人性深处绽放的汉语之花，和李清照异曲同工——李清照是女性发现了女性，曹雪芹则是男性发现了女性。二者俱为"新大陆"式的发现。《石头记》在清朝中叶的问世，有石破天惊之效。不为几个奇女子，多半没有《红楼梦》。这座巍峨堂皇的艺术宫殿，芳菲园姹紫嫣红是基础。写女儿世界的清爽，反衬须眉男子的污浊。

贫困潦倒的后半生

曹雪芹长到18岁，按规矩要到指定的地方去当差服役，他曾被派到一所雍正下令专为"教育"内务府子弟而建立的一所"包衣专校"去做过笔帖式和堂主事。由于言行不守"正规"，惹恼了上司，曹雪芹很快就被"罢职丢官"了。从此，他便转入了一个十分困难的流浪的时期——这种处境成为了他后半生的真实写照。

曹雪芹是一个公子哥儿出身的人，完全不懂得生计的事，也不会另想经营之门路，甚至连衣食也不能自理，是个需人服侍的"废物"。这就是他自谓的"天下无能第一"了。他很快就陷入了缺衣少食，举目无亲的困境。在极端困窘的情况下，他发出了"富贵不知乐业，贫穷难耐凄凉"的感慨。为了生存下去，他只好求亲告友，忍辱受贬地求一个寄食借住之地，暂且勉强苟活。他首先想到了大表兄平郡王府，尽管有姑母的怜爱，在这里，曹雪芹还是受尽了难堪之言，遭受到下边人无数的白眼……这些世态炎凉的人间相，一一展现在他的眼前。等到1748年，平郡王逝世了，曹雪芹又恢复了以前的窘境，无奈之下，他只好告辞姑母家，投到了自己的岳家。然而他在岳家的经历并不很愉快。其情形或许正如《红楼梦》中封肃对待他的女婿甄士隐那样：

> 今见女婿这等狼狈而来，心中便有些不乐……士隐乃读书之人，不惯生理稼穑等事……肃每见面时，便说些现成话；且人前人后，又怨他们不善过活，只一味好吃懒做等语。士隐知投人不着，心中未免悔恨……

这种局面没有维持多久，曹雪芹就因妻子的突然逝世而与岳家断绝来往了。在无亲友可投时，曹雪芹不得不过着风餐露宿的生活，为了糊口，他不得不靠写小说来维持生计，他甚至穷到连写小说的纸张都没有，就只好把旧书拆开，翻转了叶子做稿纸，夜夜独自挑灯写作。比寄食生涯稍好一些的，是他后来有了在富贵人家做"西宾"的机会。因为他才学最富，时常为人称道，于是被"明相国"府请去做了西宾。但曹雪芹放诞不拘的性格，很快便招来了诟病，再加上旁人的嫉妒，污蔑他"有文无行"，不久，他就被辞掉了。

在做西宾时，曹雪芹已经开始了《石头记》的写作工作，不少人爱看他的书稿，及至看不到下文时，就来催促他快些接写下去。每当此时，他就对催书的人说："你给我弄来南酒，烧鸭，我吃饱喝足，就给你续写下一回！"此时的雪芹形貌已经变得体胖、头广、面黑了。性极诙谐，善谈，能令听者终日忘倦。他的小说里写的名王府第，都是实有的，只是掩换了名称。曹雪芹在无衣无食之际，他自然也曾忍耻求告过自己的骨肉同胞和至亲近戚，但是得到的侮谩多于帮助。这使他回想自身所受的轻贱。

十年辛苦不寻常
——曹雪芹

115

他在小说中特写一个村妪到荣国府去攀亲求助的经历，这位贫苦老妇人却得到了她所不敢想象的厚待。在这回书的前后，各有诗句：

朝叩富儿门，富儿犹未足。

虽无千金酬，嗟彼胜骨肉！

得意浓时易接济，受恩深处胜亲朋。

这无疑是间接地反映了作者在这方面的切身体会。"炎凉世态"，乃是他书中的主题之一大方面。

在北京城里只能住马厩和"水窝子"的曹雪芹，终于不得不离开京城，到郊外去另谋生路。他出了西城门而远至香山脚下，这个住处，友人称之为山村，秋天则成为"黄叶村"。一条小"巷"，四周围长满了蓬蒿野草，高得像要把房屋掩起来。门前是一片野水，出门一望，就是近在眉睫的碧水青山。环境优美，但房子却极为破陋矮小，曹雪芹自己也说是"茅椽蓬牖，瓦灶绳床"，起码的家具也没有，那种贫困的情境，城里的人难以想象。虽然环境清苦，但生活在这里却觉得颇为闲适恬静。

文坛奇才的陨落

乾隆二十八年（1763年）。

这一年，从三四月起，直到十月止，北京内外，儿童死于痘祸的数以万计。雪芹的友人家，遭此痘灾的，单是敦家一门就是五口："阿卓先，妹次之，侄女继之。司痘者何物？三试其毒手耶！然后又死阿芸。""一门内如汝姑、汝叔、汝妹、汝兄，相继而殇，吾心且痛且恶，竟无计以避，汝亦终遭此荼毒耶！"敦诚因此是"即以目睫未干之泪，续之以哭……私谓自兹以往，可净睫痕，不意索小泪者相继于后……泪有几何？宁潺潺无已耶"！张宜泉家兄弟两支中小孩也是四口剩一。

厄运不可避免地降临到了曹雪芹的身上。他最怕的事终于临头了：他的爱子染上了痘疹。眼看病儿日近垂危，却无钱医治，到了秋天，孩子竟然就这样病死了。儿子死了，唯一的寄托破灭了，曹雪芹悲痛万分。他每天要到小坟上去瞻顾徘徊，伤心流泪，思念儿子，酒也喝得更凶了。旁人再三劝导，终不奏效，再加上来自各方面的煎熬，曹雪芹终于病倒了。

乾隆二十八年除夕（实已入公历1764年，当2月1日），别人家正是香烟爆竹，笑语欢腾的时刻，雪芹却在极其凄凉悲惨的情境下离开了人世！人到中年，却不幸早逝，对于中国文学实在是一个无法弥补的损失。脂砚斋说其"泪尽而逝"，曹雪芹哭的不只是爱子一个人，而是充斥着"新仇旧恨"的一生。

曹雪芹一死，身后只遗下一位后续的夫人，几束残稿，以及残破的笔墨纸砚，可谓是萧条至极。他一生朋友不多，两三个好友筹钱为其殡葬。曹雪芹的墓地选在西山某个荒凉的角落，千古奇才就这样悄无声息地离开了人世。好友敦诚为其写了两首挽诗，其中一首这样写道：

十年辛苦不寻常
——曹雪芹

> 四十萧然太瘦生，晓风昨日拂铭旌。
>
> 肠回故垅孤儿泣，泪迸荒天寡妇声。
>
> 牛鬼遗文悲李贺，鹿车荷锸葬刘伶。
>
> 故人欲有生刍吊，何处招魂赋楚蘅？

曹雪芹把他的一生都付于创作《红楼梦》上,虽然过早地死去,却为我们留下了这部千古不朽的伟大之作。然而,遗憾的是,从八十回以后,曹雪芹的原作亡佚了。据脂砚斋的说法是原稿被别人借阅,因此而遗失。但更为重要的原因是,《红楼梦》对封建社会罪恶的揭露使得上层统治集团对这本书厌恶之极,他们百般阻挠《红楼梦》的刊刻和发行,痛斥其为邪说烂书。这种莫须有的污蔑丝毫没有阻止人们对《红楼梦》的喜爱,从《红楼梦》问世以后,评、题、图、咏,可谓是汗牛充栋。读者对它的喜爱,文人对它的赞赏,从未断绝。曹雪芹一生受尽坎坷,却在死后扬名于世,也可以说是对他的一种小小的慰藉吧。

曹雪芹的意义与价值,并不是清朝帝制被推翻以后,由近代"新人物们的吹捧而抬高的"。亿万读者所能看到的,是一部真伪杂糅的拼配补续之本。在此以前,《石头记》只有抄本,价钱很贵,而且犯忌讳,不敢公然流传,有办法得到的,也只能避人偷看。有一位宗室,与乾隆是堂兄弟,名叫弘旿,是位著名的画家,也能诗文,他就明白表示:"闻《红楼梦》之名久矣,终不欲观——恐其中有碍语(政治妨碍的话)。"也可见当时人对此名著的认识是很复杂的,是有原因的。奇怪的是,到乾隆五十六年(1791年),忽然出现了一部木活字排印的"全本",长达一百二十回,号称是曹雪芹原著散失之后,幸而复得其后半四十回残稿的"厘订"(整理修改)的"全本"。这个本子不但公开传布,而且卷头公然声称是"名公钜卿"的"鉴赏"之书!此本一出,立时风靡天下。凡读书的知识分子以至学者名流,几乎人人案头有此一书。这个一百八十度的大转变,极为惊人。这究竟是什么力量能造出这样一个"斡转乾坤"的局面呢?原来这背后有一段重大的秘密经过。

乾隆朝的最伟大的文化工作是下令收集全国的书籍,编纂一部规模浩大、包罗万象的《四库全书》。这原本是一件好事，但皇帝出于政治顾虑，害怕世人还能看到金代到明代的满汉两族之间的历史矛盾而引起分裂情绪，因而将很多有"碍语"之处暗暗地删、改、抽换若干部分，最不容许留存的则全部焚毁，宫内武英殿设有专门焚书的大炉。这种不正当的阴谋做法，不但对历史线性规划之书册如此对待，就连民间剧本、小说也是同样严厉办理。朝廷曾下令于各省地方大吏，彻查奏报。这个主意，是皇帝的一个名叫和珅的宠臣提醒和建议的，和珅后来充当了大学士，《全书》的总裁，权势极大，而品行不端，贪赃狼藉。他就是那个"名公钜卿"，是指挥制造全本《红楼梦》的总后台。据宋翔凤传述，《红楼梦》是经和珅"呈上"，并且获得皇帝"然之"的——这是指什么而言呢？是说最后和珅将删改、拼配得真伪杂糅的假全本呈与皇帝，得到了首肯，认为可以过得去了（即"碍语"都删掉了，内容精神改变了），命用皇家武英殿修书处活字版的办法印制了，公开流传！

这是一个十分"高明"（阴险）的不动声色，偷梁换柱的歹毒手段，用以消灭曹雪芹的真原本。这件事，乾隆时代不少人知道，但不敢明白记载，仅仅隐约其词地暗示于题记之间，以便后世人还可以考察知悉事情的真相。

这个毒计并不是曹雪芹殁后开始的。壬午九月的"索书甚迫"，已然与此有关。雪芹、脂砚已在设法，考虑如何对付这个严重的局面。第二年的雪芹之病重以至下世，虽然爱子夭亡也是一个伤害健康的原因，但更悲愤的还是坏人要毁坏他一生的心血。脂砚终于没有办法保护全稿，只勉强将友人处分借的书稿凑齐了，可是已有"狱神庙五六稿，为借阅者迷失"了！零残的细节，更不计其数，她一力苦撑，做了一些力之所及的补缀工作，勉强弄出了一个八十回的本子，以求问世。

十年辛苦不寻常
——曹雪芹

雪芹临终的死不瞑目，正是这位奇才的深仇大恨。敦诚挽诗的"邺下才人应有恨""目岂瞑"，也正是指此而言。雪芹殁后的12年，乾隆三十九年（1774年）的八月，脂砚在她自己收藏的一个抄本上的开头处批道：

> （针对书中正文"满纸荒唐言，一把辛酸泪。都云作者痴，谁解其中味？"这首诗）能解者方有辛酸之泪哭成此书。壬午除夕，书未成，芹为泪尽而逝。余常哭芹，泪亦待尽。每意觅青埂峰再问石兄，奈不遇癞头和尚何？怅怅！今而后，惟愿造化主再出一芹一脂，是书何幸！余二人亦大快遂心于九泉矣。甲午八月泪笔。

这就是脂砚下世之前最后所写的一段沉痛的批语，即可作绝命词来看了。她流着泪祈祷。她表明雪芹泪尽而亡，抱恨的就是"书未成"，而所谓"书未成"，并非是说书未作完——不敢直言全稿之后已遭破坏不全，只能说"未成"。也不敢说希望真本必须永存天地之间，不容阴谋破坏，而只能说："再出一芹一脂，是书何幸！"多么令人悲愤的深冤至苦啊！

文采风流天下闻

——纪晓岚

　　随着电视剧《铁齿铜牙纪晓岚》等清官戏在荧屏上的连续播出，纪晓岚一下子成了家喻户晓的人物。这位乾隆年间的大学士，没想到时隔200年后又"火"了一把，尤其是他与和珅的斗智斗勇，很出彩。电视剧中的纪晓岚显然被美化了不少，当然其中也不乏很多戏谑的成分。历史上的纪晓岚究竟是怎样的一个人呢？

　　纪晓岚（1724—1805年），名昀，晓岚是他的字，直隶河间献县（今河北沧县）人。据史书记载，他一生诙谐、滑稽，机敏多变，才华出众，给后世留下许多趣话，素有"风流才子"和"幽默大师"之称。他是清代著名的学者、诗人、目录学家和小说家。总体而言，他的一生与民间传说中的形象以及荧屏上的形象存在很大的不同。

河间才子入翰林

雍正二年（1724年）六月十五日，纪晓岚出生于河间府献县崔尔庄。关于他的出生，长久以来就流传着种种神奇的传说。据朱为之写的墓志铭说，在他出生的前夕，"水中夜夜有光怪"，并有一道火光闪入其出生地对云楼，后他遂被人们认为是"灵物化身"。于是"昀"就被作为了他的名字。"昀"即日光的意思，晓岚是他的字。

纪晓岚两三岁时，每天睡觉很少，常常白天玩上一整天，晚上还要玩到深夜，乳娘李妈困得眼皮都睁不开了，纪晓岚却玩得兴趣勃勃。四五岁时，婢女晚上带他到屋外去玩，他东钻西跑，同白天一样快。于是，人们发现这孩子实在有些与常人不同：在漆黑的夜里，他的两眼炯炯发光，不用点燃灯火，就能看到黑暗中的物件。这实在令人惊叹不止。但随着年龄的增长，他的这种特异功能却慢慢地消敛了。

这奇异的出生显然是后人编造的传说，但是，纪昀自幼就具有一种特异功能倒是事实。他本人69岁时在《阅微草堂笔记·槐西杂志》中自述："余四五岁时，夜中能见物，与昼无异。七八岁后渐昏阍，十岁后遂全无睹。或半夜睡醒，偶然能见，片刻则如故。十六七岁以至今，则一两年或一见，如电光石火，弹指即过。盖嗜欲日增，则神明日减耳。"垂老之言，大概不会虚妄吧。

幼年的纪晓岚，很喜欢听大人讲故事，整天缠着大人们讲个没完。故事讲得最多的，是他的爷爷纪天申。在老太爷的五个孙子中，小纪昀口齿伶俐，乖巧异常。老太爷常把他搂在膝前，讲述古往今来的传奇故事、神话传说。小纪昀听得津津有味，迷恋不已。后来，老太爷一句一句地教他背诵律诗绝句，往往刚教三四遍，他就能一字不错地背诵下来。老太爷惊喜异常，便盘算着，要给孙子请一个有名望的先生，早些给他开蒙。

这年夏天，纪晓岚刚满五岁。纪天申为孙子请来了一位启蒙老师。这位先生名叫及孺爱，河间府交河县人，与纪家是姻亲，按辈分来排，当称他的学生纪晓岚为表叔。及孺爱在弱冠之年就考中了秀才，但直到四十，却屡试不第，也就打消了科举进仕的念头。他是一位学识渊博的人，谈古论今，滔滔不绝。原在家赋闲，连续接到纪天申的几封家书以后，不好推辞，便来到纪府。及先生首先教纪晓岚学《三字经》。开始几天，每天教20余字，原以为这样就学得不少了，不曾想这孩子过目不忘，念几遍就背熟了。于是，以后便每天多教几句，不到一个月，就把一本《三字经》背熟了。接着，及先生又教他《千字文》，刚满一个月，小纪昀已经是倒背如流。及孺爱欣喜异常，为遇到这样一个学生而十分自豪。

纪晓岚八岁的时候，已经读完《论语》《孟子》《大学》《中庸》这四部书。接下来便是读《诗经》《书经》《礼记》《易经》《春秋》五部儒家经典著作。他的学业成绩总是在书馆同学中遥遥领先。放学回家，他常常钻到纪天申的书房里，一本一本地浏览爷爷的藏书，经史子集、百家杂说，无所不读。有时将记有同一件事的几本书，一起找出来，对照比较，辨别异同，考其优劣。有时连地契文书、官家文告、乡间应酬等文稿，也都读得津津有味。各类书籍都认真诵读，使他养成了博闻强记的习惯。一些难以理解的语句，常记下来到书馆请教先生。一些篇幅较长的文章，他也能记住层次，述其大概，精警句段，熟记于心。渐渐地，家中的

文采风流天下闻
——纪晓岚

藏书，已不能填饱他的胃口。于是，他的注意力，便转向了书铺。

景城离崔尔庄三里，北依子牙河，是一个水陆码头，商业发达，文化繁荣。这里文风极盛，人们在劳作之余，崇尚诗词唱和。铺店馆肆门口，都挂着对联招牌，联语精辟，对仗工稳。纪晓岚常随家人到景城游逛，便将各家门口联语，一一记住，回来后便和家人及同学们谈论，娓娓道来，如数家珍。景城东头，有一书铺，是纪晓岚最爱光顾的地方。书铺主人是一位老儒，世居景城，人称"冯先生"。冯先生学识渊博，精通书史，广搜善本、秘籍，于是冯氏书铺饮誉一方。隔三岔五，纪晓岚就要跑到这里来，浏览所喜爱的书籍。看完一卷，再换一卷，有时一卷尚未读完，看看天色不早，就记下页码，下次再来续读。冯先生起初没有在意这位小娃娃。时间长了，渐渐发现这位俊秀的学童有很浓的读书兴趣，只是他来了看一阵就走，却很少买书。一卷书拿到他手里，一页不落地翻阅，读完了扭头便走。端详他的穿着打扮，又不像贫家子弟。

一次纪晓岚正捧着一部《紫山奏议》阅读，冯先生走到他跟前说道："这部书是明末直隶省永年县胡瓒所撰。胡瓒是闻名一时的俊才，弱冠之时即登弘治癸丑科进士，曾任大同巡抚。胡公才智超人，所陈边防六事，皆为圣上嘉纳，后来当了工部尚书。鄙处尚有胡公所著《巡边录》八卷。公子少年大志，将来定是国家栋梁，两书不可不读，公子有意购买，可七折收费。"纪晓岚没想到主人一上来就是一套宏论，这下可把他窘住了。他看冯先生慈眉善目，便施礼道："请先生海涵！晚生今天有事来景城，原本没有购书之意，路经贵铺前，只想进来看看，让先生见笑了。"纪晓岚答得彬彬有礼，说完想一溜了之。

"公子且留步！你先把书带着，改天再还书金不迟。"

纪晓岚见主人如此盛情，感到走停两难，只好讲明实情。"先生不要生气，实是晚生看过一遍后，就不用再买了。望先生多多原谅。"纪晓岚忐忑不安地回道。

冯先生见纪晓岚如此回答，便拣出几篇《紫山奏议》中的奏稿，让纪晓岚复述。纪晓岚一一讲述其主要内容，精警之处竟一字不错。冯先生惊诧地睁大眼睛说："公子过目成诵，真是天下奇才，日后定为国家栋梁，老朽失敬失敬！"问明眼前的小孩即是崔尔庄纪容舒的二公子后，冯先生高兴异常。冯先生和纪容舒早就相识，冯、崔两家又是世交，便连忙说道："贤侄以后只管常来看书，愚伯是非常高兴的。铺里人多嘈杂，不是读书之处，老朽有一间书房，白日闲着，贤侄来后就在书房里读，定会满意！"随后，冯先生将书铺交给别人照看，把纪晓岚拉到内宅，看过书房，又热情地款待了他一顿便宴。纪晓岚受到如此礼遇，有点儿受宠若惊，称谢不迭。

此后，纪晓岚常去书铺里借书看，有时一卷没看完，又爱不释手，冯先生就让他带到家中去读。这样，在他小小的年纪，就读了许多古今名著，包括他喜欢的《警世通言》《喻世明言》《醒世恒言》《拍案惊奇》及一些明人笔记小说都是在这时读到的。

纪晓岚从小就有"神童"之称。关于他少年时非凡的才华，民间有很多故事流传。据说，纪晓岚一日在街上与同伴们玩球，正好太守经过，不巧球误扔进太守的官轿。别的孩子早四处逃散，他居然上前拦轿索球。太守见他憨态可掬，于是说："我有一联，如果你能对上，就把球还你，否则就归我。"纪晓岚同意了。太守出上联："童子六七人，唯汝狡。"纪晓岚不假思索地答道："太守二千石，独公……"最后一个字迟迟不说。太守问他"何以不说出末一字？"他回答说："太守若将球还我，就是'廉'字；若不还，便是'贪'了。"太守不禁大笑，自然把球还他了。

天资固然重要，但是后天的学习更是纪晓岚成为"一代通儒"的基本要素。纪晓岚从小就深受父亲影响，也受到家人严格督促。当然，他自己也勤奋好学，博览群书，加上他自己的聪颖禀赋，其学问与日俱增。雍正十二年（1734年），纪晓岚随父入京，受业于著名画家董邦达门下。董邦达是清代皇家画院中继王原祁之后的一代宗匠。名师自然出高徒。乾隆五年（1740年），纪晓岚返乡应童子试。乾隆十二年（1747年）应乡试，其文章写得词采富丽，才气飞扬，引人入胜。这次乡试的主考官就是当时大名鼎鼎的阿克敦和刘统勋。两人不禁为之拍案称绝，擢为乡试第一。乾隆十九年（1754年）三月中进士，会试列第22名，殿试中名列二甲第4名。同年进入翰林院，开始了他的官宦生涯。此后他先后担任山西、顺天乡试的主考官，并曾视学福建。纪晓岚在奔忙于学官和侍奉皇帝期间，每每君臣之间，同僚之间，多有酬唱应答，妙语佳对，不仅赢得广泛赞誉，而且也颇得乾隆帝嘉奖。

　　纪晓岚入主翰林后，他的聪明才智得到了尽情发挥。有一年乾隆帝东巡泰山，纪晓岚随驾。至东岳弥高岩前，乾隆帝突然想起《论语》里的"仰之弥高"之句，欣然集成一幅颇难应对的上联："仰之弥高，钻之弥坚，可以语上也。"纪晓岚不假思索地念出了下联："出乎其类，拔乎其萃，宜若登天然。"对得自然工巧，无懈可击。

浮沉宦海如鸥鸟

　　乾隆十九年（1754年）至三十三年（1768年），是纪晓岚在翰林院春风得意、酣酒高歌的日子。这时与他交游的朋友中有王鸣盛、钱大昕、朱筠、王昶等。乾隆二十年（1755年），纪晓岚在北京歙县会馆拜见了戴震，两人一见如故。

戴震，字东原，徽州人，他治学广博，音韵、文字、历算、地理无不精通。当时戴震是来京避难的。两人情深意笃。纪晓岚还曾出资将戴震的《考工记图》付梓，并为之作序。戴震后来几次到京师都住在纪晓岚家。乾隆三十八年（1773年），戴震还因纪晓岚的推荐进入四库馆。戴震去世后，纪晓岚曾深情赋诗，说是"披肝露胆两无疑"的朋友。戴震对程朱理学"存天理、灭人欲"等扼杀人性的尖锐抨击，在纪晓岚纂修的《阅微草堂笔记》和《四库全书总目提要》中也都有相当深刻的反映。

乾隆三十三年（1768年）六月，据《清高宗实录》记载，两淮盐政卢见曾因有营私贪污行为而被革职查办。纪晓岚则因为通风报信而被发配乌鲁木齐。这件事《清朝野史大观》的记载更为生动有趣：当时纪晓岚得知消息，想预先通知卢家，但又怕引火烧身，不敢轻易传话、写信。他想出了一个绝妙的办法，把一点食盐和茶叶封在一个空信封里，里外未写一字，星夜送往卢家。卢见曾从中终于悟出其中的隐语："盐案亏空查封。"后经刘统勋等人的严密侦缉，纪晓岚终于败露，同年十月，被遣戍乌鲁木齐赎罪。

在乾隆三十六年（1771年）六月奉召回到京城之前，纪晓岚在新疆待了两年多。在这两年多时间中，其大儿子纪汝佶病亡，爱妾郭彩符也撒手人寰。在这段日子里，纪晓岚对人生有了更深切的感悟，体会到了君主的无常、官场的险恶与世态的炎凉。

在这期间，他曾为自己的一块砚台赋诗："枯砚无嫌似铁顽，相随曾出玉门关。龙沙万里交游少，只尔多情共往还。"他还曾为一幅《八仙对

文采风流天下闻
——纪晓岚

弈图》题诗，图上，韩湘子、何仙姑对局，五仙旁观，铁拐李酣然大睡。纪晓岚端详过后，无限感慨涌上心头，信笔写道：

十八年来阅宦途，此心久似水中凫。

如何才踏青明路，又看仙人对弈图。

局中局外两沉吟，犹是人间胜负心。

哪似顽仙痴不省，春风蝴蝶睡乡深。

重返翰林院，使纪晓岚的思想为仕与隐的抉择产生过激烈的斗争。他对人生世事的认识更加清醒，对盛衰荣枯之理也有了更深的理解。与其争强好胜，还不如酣然"痴不省"而来得快活。

但是，纪晓岚最终还是没有退隐。纪晓岚生活后期，备受恩宠。他三迁御史，三入礼部，两次执掌兵符，最后竟以礼部尚书、协办大学士加太子太保管国子监事致仕。

那么，纪晓岚与刘墉、和珅这些家喻户晓的人物到底关系如何呢？

纪晓岚与刘墉有着不解之缘。刘墉的父亲刘统勋正是纪晓岚的乡试主考官。对刘统勋的知遇之恩，纪晓岚一直是感激涕零、念念不忘的。而后来纪晓岚被发配的案件，又恰是刘统勋负责。还有更巧的是，举荐纪晓岚担任四库馆总纂官的，也是这位刘大人。刘墉，字崇如，号石庵，刘统勋长子。刘墉在民间是个颇具知名度的人物，家喻户晓的《刘公案》就是表彰他的。刘墉比纪晓岚年长四岁，都是一代才子。和珅专权数十年，内外诸臣，无不趋走，唯刘墉、纪晓岚等为数不多的几个大臣始终不曾依附。他们一个善文、一个工书，却都有收藏砚台的癖好。有时相互赠送，也常为一个心爱之物而互相攘夺，但彼此都恬不为意，并以之为笑谈。

在电视剧中，纪晓岚与和珅的关系经常是形同水火，势不两立。民间也有不少传说，多次讲到纪晓岚如何捉弄和珅。《清朝野史大观》就记载，和珅在宰相府内修建凉亭一座，需要一幅亭额，便求纪晓岚题字，结果纪晓岚爽快答应，题以大字"竹苞"。这二字出自《诗经·小雅·斯干》中"如竹苞矣，如松茂矣"句，人们常以"竹苞松茂"颂扬华屋落成，家族兴旺。和珅得到纪晓岚的题字，大为高兴，就高高挂在书亭上。乾隆偶尔临幸和珅宅第，一见纪晓岚题字，马上就知道了纪晓岚是在捉弄和珅。他笑着对和珅说："纪晓岚是在骂你们一家'个个草包'呢。"结果和珅对纪晓岚恨之入骨，几次进谗言，参奏纪晓岚。

其实，这种事情是根本不可能发生的。我们仅从一件事中就可以看出。乾隆朝晚期，纪晓岚好友、御史曹锡宝欲弹劾和珅，纪晓岚虽为朋友担心，但也仅以宋人《咏蟹》诗相赠：

水清诓免双螯黑，
秋老难逃一背红。

意思是说，现在弹劾和珅，恐怕时机不够成熟。但曹锡宝没有听从纪晓岚的告诫，毅然上书，指参和珅。结果乾隆大怒，要将曹锡宝治罪，此时的纪晓岚再也不像上次救卢见曾那样，尽心为朋友出力，而是在乾隆面前竭力表白，声称自己毫不知情。结果由于他表现得过于露骨，反而使乾隆认为纪晓岚正是幕后指使者。可见，纪晓岚是不会把自己树立成和珅的对立面的。

有史料记载，和珅在他发达之后，曾与文学名流诗文唱和。有时他私下请纪晓岚、彭元瑞为其作品润色。而纪、彭二人考虑到和珅权大势重，万一不从，被他穿了小鞋可受不起，也就每每代为捉刀。当然，也就仅仅润色文字而已，纪晓岚并不是要依附和珅去谋求高位。据朝鲜使臣徐有闻所见，和珅专权数十年，内外诸臣无不投靠，只有刘墉、纪晓岚、朱珪等人始终不依附。看来，在当时险恶的政治环境下，纪晓岚所能够做到的也就是尽力不与和珅同流合污而已。

在民间传说中，纪晓岚的形象风流倜傥，一表人才。实际上，纪晓岚貌不惊人，甚至有点丑陋。据史书上记载，纪晓岚"貌寝短视"。所谓"寝"，就是相貌丑陋；短视，就是近视眼。纪晓岚还有口吃的毛病。看来，善写的人不一定善言啊。

乾隆是一个以貌取人的皇帝，他身边的宠臣大都相貌俊秀，气宇轩昂。比如和珅、王杰、于敏中、董诰、梁国治、福长安等人都是当时的美男子。相貌丑陋的纪晓岚却偏偏又碰上乾隆，所以即便他再才华横溢，也难得到真正的重视，难以参与重大的政治决策，只能以文字安身立命。说白了，有点像汉武帝的词臣东方朔，给皇帝逗逗闷子。之乎者也，吟风弄月，对国家大事能有多大作用？纪晓岚只能做乾隆的词臣，而难以做乾隆的宠臣、重臣。纪晓岚一生中两次任乡试考官，六次任会试考官，三次任礼部尚书，均是这种际遇的体现。当然，文化教育工作也很重要，一个知识分子做到礼部尚书也算到顶了。

乾隆曾派纪晓岚出任都察院，相当于现在的纪委和反贪局，但他判案不力，本应受罚，乾隆却说："这次派任的纪晓岚，本系无用腐儒，本来只不过是凑个数而已，况且他并不熟悉刑名等事务，又是近视眼……他所犯的过错情有可原。"这倒也好，乾隆不认真跟他计较。

纪晓岚生前曾自撰一副挽联："浮沉宦海如鸥鸟，生死书丛似蠹鱼。"这倒是他一生的写照。

夙兴夜寐四库馆

乾隆二十八年（1763年）闰三月，编纂四库全书的准备工作已全部就绪，乾隆皇帝诏开四库全书馆。馆中首设总裁，总裁之下，设总纂、提调、总阅、总校、缮书、监造各处，分别在翰林院及武英殿展开工作。各部分的分校官、纂修官，计有三百多人，誊录员一千人，总共有四千三百多人参与其事。

其编辑规模之庞大，恐怕应为世界之最，虽非绝后，确是空前。这个编纂机构，其中有皇六子多罗偬亲王永容，皇八子多罗仪郡王永璇，皇十一子永瑆，东阁大学士、翰林院掌院学士、军机大臣刘统勋，文渊阁大学士、军机大臣刘纶，文华殿大学士、军机大臣于敏中，武英殿大学士舒赫德，以及阿桂、英廉、程景伊、嵇璜、福康安、和珅、蔡新、王际华、裘日修等各阁领事、各部尚书，先后16人担任总裁官。副总裁官也先后有梁国治、曹秀先、张若、刘墉、王杰、彭元瑞、金简、董浩、曹文植、沈初、钱汝诚、李友棠等12人之多。但真正负责实际编纂工作的，是翰林院侍读纪晓岚、刑部郎中陆锡熊、太常寺少卿孙士毅三位总纂官。陆费墀为总校官。纂修分校，则由戴震主"经"，邵晋涵主"史"，周永年主"子"，纪晓岚主"集"。他们带领的纂修官总共有三百多人，其中像王念孙、朱筠、翁方纲、王太岳、姚鼐、卢文弨等，都是硕学通儒，一时名宿。他们校覆古籍，诏求天下遗书一万三千余部，厘定应刊、应钞、应存，依照经、史、子、集，分门别类，列成总目。前后用了近２０年时间，《四库全书》最终告成。分别建"文渊""文津""文溯""文源""文汇""文澜"七阁，储藏了172726册全书，把中国古代的学术文化典籍，几乎包揽殆尽，真称得上汗牛充栋、亘古奇功了。

开馆这年，乾隆已经63岁，唯恐看不到《四库全书》的完成，又传谕采撷四库精华、编缮《四库荟要》，并分缮两部，一部储藏于紫禁城内的摘藻堂，一部存放在长春园味腴书屋，每部书有473卷，装成12000册。四库全书的编校，是中国文化史上的一件大事，也是乾隆年间的一个盛举，对于纪晓岚来说，则是他一生的主要成就。

纪晓岚日坐书城，博览群籍，寻章逐句，从《永乐大典》搜辑散佚，尽读各行省进献书籍，极尽艰辛。整整用了八年时间，完成了《四库全书总目提要》，又称《四库总目》或《四库提要》，收正式入库书3458种、存目6788种，总计10246种。各书提要，将一书的原委撮举大凡，并列叙者之爵里，订辨其书文字之增删与篇帙之分合，批评其叙事议论之得失。诸书提要，分之则散弁诸编，合之则共为总目。"总目"按照全书体例，分为经、史、子、集四部。每部之首，各冠以总序，撮其源流正变，以挈纲领。共分经部10类、史部15类、子部14类、集部5类。类下有属，每类之首，也各冠以小序，详述其分并改隶，以析条目。每类之中，先以文渊阁著录（即编入四库全书）的书籍列在前面。那些言非立训、义或违经，与那些未越群流的寻常著述，经评定不足以收入四库之中，而也未尝奉旨销毁的书籍，则附存篇目，排列于后，藉存梗概，以备考核。如是流别繁碎的，又分析子目，使之条理分明。如是意有未尽，列有未该，就或在子目之末，或在本条之下，附注按语，以明通变之由。诸书各以时代为次，历代帝王著作，以隋书经籍志例，冠各代之首。每书名之下，各注某家藏书，以不没其出处。那些坊刻书籍，不便专题一家的，便注上"通行本"。各书的编次先后，都以登第之年，生卒之岁，为之排比，或根据所往来唱和之人为次，不可详细考证的，就附在本年之末。僧侣羽士、闺阁宦仕，以及外国的著作，也各分时代，不再区分。至于笺释旧文，就仍从所注之书，而不论作注之人。如是褒辑旧文，而自为著述，与根据原书而考辨的，事理不同，就仍随时代编入，统计著录有102卷，存目87卷，著录存目并有的有11卷，一类或占一卷或数卷、十余卷不等，别集多达38卷，楚辞类则不足1卷，全书共200卷，书前冠以乾隆"圣谕"，馆臣"进表"，与"职名""凡例"，以及"门目"等卷目四卷，大致记述了"全书"与"总目"纂修经过与编写体例。"总目提要"著录的书共一万多种，基本上概括了清代中叶以前中国的重要著作，这万余部典籍的提要，"门类允当，考证精华"，对了解中国古籍，研究中国古代文化，有着极其重要的意义。

这是一部非常伟大的学术著作，"进退百家，钩深摘隐，各得要指，始终修理，蔚为巨观"，"大而经史子集，以及医卜、星相、辞曲之类，其评论抉奥阐幽、词明理正"。当朝及后世学者读后，无不惊叹纪晓岚学识渊通，遂享有"通儒"之称，被誉为"一代文宗"。

纪晓岚为编写《四库全书总目》，将从各地搜集到的逾万部书籍，以及宫中秘籍，一一细细审阅，披览无余。但起初，明代的《永乐大典》藏置何处，一时寻求未获，使他为此事十分焦急。

这天，王文治看他着急的样子，便想与他开开玩笑，郑重其事地说："《永乐大典》副本，失于明亡之际。其正本乃国中之宝，明庭十分珍重，当藏之秘阁幽室，方能免毁于兵燹。今事过三百年，世间尚无正本的传闻。查诸史籍，更无记载，究竟藏于何处，唯有鬼神能知。我看，你不妨斋戒三日，祈神指点，或许能出现奇迹。"斋戒三天，不食腥荤，不近女色，这在一般人说来，并不是什么难为之事。可是，对纪晓岚来说就不同了。他性喜肉食，平时养成了习惯，每日三餐，顿顿吃肉，配以浓茶即可。如今要他斋戒吃素，无异于一种刑罚。再说他自幼就精力旺盛，从17岁结婚，到这时30多年了，除了不得已的情况而外，他几乎夜不虚度，虽然年届半百，依然如故。三夜独眠，也会使他难忍难熬！对他的生活癖好，王文治素来清楚。所以建议他斋戒三日，表面上一番好意，肚子里流的却是一滩坏水，要治治这位好色成性的风流才子。纪晓岚是何等聪明，哪里会不明白王文治的用意？但他考虑：既然没有《永乐大典》散佚的传闻，那肯定还藏在什么地方！只是寻找得不细，没有发现罢了。在宫中再细致地寻找一遍，即使找不到，也可断定它没有藏在紫禁城中了。纪晓岚考虑再三，居然不露声色，愿意依计而行。这一点，实在出乎王文治的意料。

"你当真戒斋三日？"王文治不大相信。

"只要能找到《永乐大典》，我斋戒一个月也无妨。更何况事关鬼神，不可半点造次！"纪晓岚也一本正经起来。

事也凑巧。纪晓岚斋戒两日，指挥宫中大小太监细细查勘，一位小太监爬到"敬一亭"的顶架上，终于发现了密藏在这里300余年的《永乐大典》。

"嗨！找到啦！找到啦！"小太监高兴得一时忘了宫中禁忌，高声欢呼起来。纪晓岚闻讯赶赴敬一亭，欣喜若狂，奏请皇上，迁大典至翰林院。有2473卷，9880册，从中辑录385种，交武英殿以聚珍版印行。

各省进献的书籍，已经堆积如山，厘定钞、存之后，分发给各分校官，作初步的校勘。鉴于原书大小长短规格不一，编纂后全部木刻，不但费时过久，而且耗资甚巨，不如全部手抄。一来便于更改原著，二来大小可以统归划一，同时又节省时间和费用。纪晓岚等人奏请圣裁后，召集京中善于书法的举人、贡生、监生数百人，派为誊录员，负责抄写。并订制了一套奖励办法，规定每人每日抄写1000字，扣除领书、交书时间外，每年须抄30万字。按时登记，五年议叙。这办法实施以后，果然有效，誊录工作极为顺利。

四库书馆的总纂之所，设在圆明园新建的文渊阁。纪晓岚家居城内，离这里20余里，每天步行到此，往返颇为费时。便在海淀买下一处房舍，这就是槐西寓所，《阅微草堂笔记》中，称作"槐西老屋"，纪晓岚住在这里，身边有丫鬟玉台侍候。迁居之后，路虽近多了，但他已经养成了疾步如飞的习惯，每天匆匆往返，同事们叹莫能及。

这天，纪晓岚正在路上匆忙行进，赶上了前面走着的詹事府少詹事彭元瑞。两人打过招呼，比肩前进。彭元瑞随他加快脚步，但走着走着，就跟不上了，直累得气喘吁吁，只好让纪晓岚前面先走，自己徐步后行。到了圆明园，纪晓岚已阅书数卷。彭元瑞喘息未定，向人说起路上之事，笑道："纪晓岚确是神行太保。"纪晓岚正端坐看书，应声答道："彭芸楣不愧圣手书生。"

"好联，好联！"人们听了，惊叹起来。"神行太保"是《水浒》人物戴宗的绰号，彭元瑞用来称赞纪晓岚行走之速。彭元瑞，号芸楣，江西南昌人，乾隆二十二年（1757年）进士，改庶吉士，散馆授编修，写得一手好文章，后官至协办大学士，纪晓岚戏称他为"圣手书生"，用的是《水浒》中人物萧让的绰号，无意间对成一副巧对，让人赞不绝口，从此以后，纪晓岚得了个"神行太保"的绰号。

阅微草堂度晚年

　　《阅微草堂笔记》是继《聊斋志异》之后出现的又一部具有重要影响意义的文言小说集。由于纪晓岚当时特殊的身份，加之为人通达、学识渊博而诙谐，另外他在叙述故事时采用了"追录见闻、忆及即书"（《滦阳消夏录序》）的写实手法，所以艺术风格独特。

　　《阅微草堂笔记》共24卷，约40万字。包括《滦阳消夏录》6卷、《如是我闻》4卷、《槐西杂志》4卷、《姑妄听之》4卷、《滦阳续录》6卷。该书写于乾隆五十四年（1789年）至嘉庆三年（1798年）之间。该书是纪晓岚十年心血的结晶，又是纪晓岚晚年心灵世界的反映，也从某一个侧面显现出清代中期纷繁复杂的时代文化风貌。该书的取材，一是来自于纪晓岚本人的亲身经历和耳闻目睹，二是来自于他人提供或转述的材料。小说涉及的社会生活领域，从文人学士、妓女乞丐，到三教九流、花妖狐魅，几乎无所不包。丰富的生活素材，为作者提供了广阔的思维空间。书中有些怪异奇谲的故事，虽然充满了因果报应、祸福天定的迷信思想和忠孝节义的封建伦理道德观念，但也客观而真实地反映了清中叶的某些人生实相，并触及当时某些社会弊端，不仅具有重要的认识价值，而且表现了一定的进步思想倾向。

　　《阅微草堂笔记》有不少故事章节揭露了封建社会官场的腐朽和黑

暗，道学家的虚伪和卑鄙。如官吏的营私舞弊、草菅人命；有的貌似正人君子，道貌岸然，其实一肚子男盗女娼，卑鄙下流。诸如此类，都直接或间接地反映了那个光怪陆离的时代。如《滦阳消夏录》卷六第十则，作者就借山中"鬼隐士"之口，生动地描绘出幽冥世界亦如人间世道，充满了相互倾轧和追名逐利，揭露了官场的黑暗腐朽。《滦阳消夏录》卷四则写"有两塾师临村居，皆以道学自任"。在公开场合，他们"剖析理欲，严词正色，如对圣贤"，暗里却互相勾结，丧尽天良，谋夺寡妇田产。

另外，《阅微草堂笔记》中还有不少篇章揭示了处于社会下层普通百姓的生活状况及悲惨境遇。作为乾隆皇帝的一个文学侍臣，纪晓岚虽缺乏直面惨淡人生的勇气，但他忠实记录传闻的写作精神及其正义感，在某种程度上也透露了他的是非观念和善恶标准。《滦阳续录》卷五就讲到一件既令人心酸又使人深思的事情。河北沧州有个叫董华的人，家里穷得无立锥之地，以卖药卜卦为生，"一母一妻，以缝纫浣濯佐之，犹日不举火"。适逢这年又发生了大饥荒，更使董家雪上加霜，全家人奄奄待毙。无奈之下，董华只好"鬻妇以求活"。在这则故事里，作者对那名"万不得已而失身"的女子没有丝毫的指责之意，反添几分同情和理解，真实形象地展现了当时民不聊生的社会现实。

《阅微草堂笔记》如鲁迅在《中国小说史略》中所说，有"过于议论"之嫌，"不安于仅为小说，更欲有益人心"，但其中不少形象化的寓言和讽喻性的故事还是颇为生动风趣的，甚至能给人以启发和教益。《如是我闻》卷三写一位"相见辄讲学"的翰林官员，别人也以为他"崖岸高峻"，美名在外。没想到，他竟也会因没有及时接受来宾的送礼而"怅怅惘惘，若有所失，如是者数刻"——人物表里不一的个性特征和心灵世

界，着实让人难以忘怀。另外诸如《姑妄听之》卷二《河中寻兽》之类富有哲理的小故事，也往往给人耳目一新之感。

纪晓岚虽把《阅微草堂笔记》视为"消遣岁月"（《滦阳消夏录序》）的一部闲书，甚至也很难与《聊斋志异》相媲美，但它不蹈旧辙，自成一家，风格独特，是不可多得的佳作。

纪晓岚治学为人皆讲求宽容，表现了一代通儒的博大胸怀。鲁迅在《中国小说史略》中就说纪晓岚"处世贵宽，论人欲恕，故于宋儒之苛察特有违言。……且于不情之论，世间习而不察者，亦每设疑难，揭其拘迂"。

老百姓的大明星

虽然纪晓岚只是乾隆的一个文学词臣而已，也不是一个跟和珅针锋相对的斗士，然而他在广大民众中间却极受欢迎，似乎可以说是老百姓的明星，这是为什么呢？有关纪晓岚的民间传说不计其数，这恐怕也是中国文人少有的待遇吧？仔细想来，恐怕与以下几个原因有关。

第一，纪晓岚具有幽默风趣的真性情。清代笔记中记纪晓岚，提得最多的就是纪晓岚的诙谐。如牛应之《雨窗消意录》说："纪文达公昀，喜诙谐，朝士多遭侮弄。"钱泳在《履园丛话》中也说："献县纪相国善谐谑，人人共知。"如果说纪晓岚幽默风趣，大概不会错。但仅仅是幽默，还不足以达到人人传颂的地步。纪晓岚的幽默，还有真性情的一面。在流传下来有关纪晓岚的幽默故事里面，有两点比较突出，最能看出纪晓岚的真性情。这就是纪晓岚敢于跟权势人物开个小玩笑，而且也能讲荤段子。

例如他敢称呼乾隆为"老头子"，敢趁题亭额的机会讥嘲和珅一家，尽管这些故事不一定真，但应该在一定程度上反映了纪晓岚面对权势人物的幽默作风。对于文人一般不敢惹的太监，纪晓岚也敢开个玩笑。有一天散朝时，一个太监想听纪晓岚讲笑话。纪晓岚假装沉思半天，说："从前有一个太监……"说了半句，就不说话了。这个太监等了半天，就问："底下如何？"纪晓岚答道："底下一样没有。"闻者绝倒。对于这样的调侃，当事人倒也不好表示什么，也不便于施加报复。这也许是纪晓岚借幽默来表达性情的原因吧。

纪晓岚还时不时来点段子，更可以见出其性情。有一次，一个姓平的朋友做了新郎官，纪晓岚送了一部《诗韵》贺喜，人们都很奇怪这个礼物有什么奥秘。平某思索了好几天，才知道纪晓岚取四种声调即"平、上、去、入"跟自己开了个玩笑。这种荤段子向来为广大群众喜闻乐见，要想它不流传天下也难。明清两代，民间非常流行的一部笑话总集《笑林广记》中，大概有一半内容都是与性有关。

第二，纪晓岚善于对联之戏。对对联，俗称"对对子"，既是文人自幼接受教育启蒙最基本的课程，又是民间流传甚广的一种娱乐活动，深受百姓喜爱。纪晓岚才思敏捷，诙谐不羁，尤善对对联，常有妙语。比如他为一穷苦铁匠所写对联：

三间东倒西歪屋，

一个千锤百炼人。

又比如，他为理发匠所写的对联：

虽然毫发技艺，

却是顶上功夫。

寥寥数字，精细入神，堪称绝对。

有一次纪晓岚入值南书房，有位老太监久闻纪晓岚大名，特地前来一睹风采，只见他身穿皮袍，按当时文人的习惯，手持折扇。这位太监便出题：

小翰林，穿冬衣，持夏扇，一部春秋曾读否？

此联巧妙地将春、夏、秋、冬四季相嵌，且暗含对纪晓岚打扮的讥讽，非常不易回对。不料纪晓岚轻松应对：

老总管，生南方，来北地，那个东西还在吗？

此事迅速被传为笑谈。

纪晓岚善于对联，应该是事实。纪晓岚这个才能在当时的官场上也是流传已久。

纪晓岚首先引起乾隆注意的，是他出的一副灯谜。一年元宵，乾隆命大小臣工上进灯谜，以供紫禁城悬挂。纪晓岚所献灯谜为一副谜联，注明上下联各猜一字：

黑不是，白不是，红黄更不是；和狐狼猫狗仿佛，既非家畜，又非野兽。

诗也有，词也有，论语上也有；对东西南北模糊，虽是短品，也是妙文。

乾隆猜不出答案，查知系纪晓岚出题，便召其回复，结果得知其答案为字的偏旁谜，即"猜谜"二字，大加赞赏。纪晓岚的座师刘统勋等人，也乘机对乾隆夸奖纪晓岚。此后，纪晓岚名声更著。

乾隆二十五年（1760年），乾隆五十寿辰，文武百官纷纷撰联赋诗，无非万寿无疆之类。而纪晓岚所写之联别出心裁：

四万里皇图，伊古以来，从无一朝一统四万里；

五十年圣寿，自前兹往，尚有九千九百五十年。

上联指清朝统一全国后，西起葱岭，东濒大海，北至外兴安岭，南至南海，纵横均为四万里，版图之大，为历史上所未有；下联指五十圣寿再加九千九百五十岁，正好合为万岁，敬祝乾隆万寿无疆。见到此联后，乾隆大喜，当即传旨，将纪晓岚擢为京察一等，以道府记名。

乾隆二十七年（1762年）十月，39岁的纪晓岚奉旨出都，任福建学政。读万卷书，行万里路，对于翰林来说，外放学差无疑是仕途上的一个转折点。纪晓岚对此喜不自胜。登车起程，至济南改乘舟船，沿运河南下，一路行来，山川秀丽，他也不停写诗作赋，后来还结集出版，名为《南行杂咏》。

传说在行舟途中，纪晓岚遇到一位老者，亦乘大船南下，还给他送来一张纸条："我看阁下必是一位文士，现有一联，如阁下能对出，敝船必当退避三舍，如对不出，则只好委屈阁下殿后。"老者的上联：

两舟并行，橹速不如帆快。

这是一副语意双关联。"橹速"谐指三国著名文臣鲁肃，"帆快"暗指西汉著名勇士樊哙，一文一武，正巧构成双重含义，表面上是说橹不如帆，暗含的意思是说文不如武。纪晓岚深知此联难对，不禁冥思苦想，结果让老者扬帆远去。他到福州后，主持院试，乐声轰鸣。纪晓岚触景生情，想出下联：

八音齐奏，笛清怎比箫和。

"笛清"暗指北宋名将狄青，"箫和"暗指西汉宰相萧何，也是一语双关，一文一武，文胜于武，对得天衣无缝。

世上流传的纪晓岚对对子的故事，有真有假。例如，有一则故事说纪晓岚曾随乾隆南巡，路过黄河碎石滩。乾隆出了一个上联："石头渣稀烂棒硬。"纪晓岚漫不经心地答道："黄河水翻滚冰凉。"对联上下句都体现了一种对立统一的关系，算是不错。但其实乾隆六次南巡，纪晓岚没有一次扈从过。不过，纪晓岚善于对对子是真，而这些真真假假的故事更广泛地传播了纪晓岚的大名。

第三，纪晓岚朋友遍朝廷，门生满天下。纪晓岚早年就与一帮志趣相投的文人学士结成文社，半月聚会一次，谈古论今，切磋诗文。文社中有他的族兄纪昭和后来成为著名学者的钱大昕。就连上科进士刘墉，这时已由翰林院编修升为侍讲，也参加进来。经过一段时间的磨合，纪晓岚与刘墉一齐被推为文社领袖。由于文才出众，也由于性格谦和，纪晓岚很快在朝廷上下拥有了一批兴趣相投的朋友。

纪晓岚多次担任过考官。他先后任过乾隆己卯山西乡试正考官、庚辰会试同考官、本省壬午乡试同考官、提督福建学政、甲辰会试副总裁官、己酉武会试正总裁官，嘉庆丙辰会试正总裁官、己未武会试正总裁官、壬戌会试正总裁官等。正因为他经常担任考官，所以门人众多。

朋友和门生一多，纪晓岚的名字未免在他们口头、著作中经常出现。久而久之，纪晓岚的声名怎么可能不越传越大呢？

第四，与两部名传天下的书有关。第一部就是清代的文化大工程——《四库全书》。纪晓岚是这部书的总纂官。纪晓岚借此机会还删定了一部重要的目录学巨著：《四库全书总目提要》。这本书在学界也享有盛名。第二部书就是纪晓岚自己的《阅微草堂笔记》。这部笔记流传甚广，也获得后世极高的赞赏。鲁迅认为此书"测鬼神之情状，发人间之幽微"，既有趣，又有真知灼见，而其"叙述复雍容淡雅，天趣盎然，故后来无人能夺其席"。鲁迅据此盛赞纪晓岚是当时社会中"很有魄力的一个人"。小说家孙犁认为这部笔记在中国文学史上占有其他同类作品所不能超越的位置，"它与《聊斋志异》是异曲同工的两大绝调"。这两部书都留名后世，其编纂者纪晓岚自然也就名动天下了。

纪晓岚死后，谥号"文达"，这是对他文学才能的一种相当高的认可。江藩在《汉学师承记》中说他是一代通儒，"胸怀坦率，性好滑稽，

文采风流天下闻
——纪晓岚

有陈亚之称。然骤闻其语，近于诙谐，过而思之，乃名言也"。这就是说纪晓岚不仅学识好，而且也是性情中人，幽默得也很在理。应该说，这一评价基本上是符合实际的。

我劝天公重抖擞

——龚自珍

  龚自珍（1792—1841年），中国近代杰出的思想家、文学家。他的诗文创作，在中国近代史上产生了深刻的影响，具有"开一代风气"的启蒙作用。从鸦片战争到五四运动的整个民主主义革命时期中，凡是起过进步作用的思想家、文学家，都不同程度地受过他的影响。特别是他鼓吹"三世说"。希望迅速挽救"衰世"，恢复"治世"，以避免"乱世"的观点，和由他开创的"托古改制"思想，被后来的维新运动领袖们接过来加以丰富发展，在近代史上出现了轰轰烈烈的资产阶级改良主义运动。"五四"以来新文学作家，如鲁迅、郁达夫等，也都是龚自珍的热爱者，可见他影响的深远。

自幼受到良好教育

龚自珍，又名易简、巩祚，字瑟人、爱吾，号定庵，晚年号羽琌山民。1792年出生于浙江仁和（今杭州）一个五世官宦家庭。祖父龚敬身为乾隆进士；父亲龚丽正为嘉庆初进士，官至苏淞兵备道，署江苏按察使；母亲段训出身大家闺秀，工书能诗；外祖父段玉裁是著名汉学家，对古代文化很有研究。

在这样优越的家庭环境中，龚自珍6岁跟母亲学诗，12岁从外祖学《说文解字》，14岁撰写《古今诗体编年》，16岁考订《历代官制》，阅读《四库全书》，17岁对金石学产生浓厚兴趣。段玉裁很看重这个外孙，为他取名"自珍"，并专门写《外孙龚自珍字说》，说明只有爱人才能自珍、自爱，自珍自爱才能更好地爱人的道理。

少年时代的龚自珍经常随父亲居住，往来于北京、河北、安徽、江苏等地，接触到社会各个阶层，思想逐渐开阔，并产生一种不拘形迹的侠勇精神，他自称"亦狂亦侠亦温文"，"歌泣无端字字真"。北京这一全国政治文化中心开拓了他的眼界，丰富了他的社会阅历。北方民情的豪放爽直使这位江南才子在多愁善感之外，又加上了沉烈豪雄。

童年到少年，他广泛地读书，为日后治学打下基础，但清王朝的文化专制使得他受显学考据派的影响，不过他并不为此所拘，仍有广泛的学习兴趣和朝气勃勃的个性。

龚自珍的启蒙老师是母亲段训。他六七岁时，母亲就教他刻苦记诵诗文，多为吴梅村的诗，方百川的文章和宋左彝的《学古集》，三者风格或清丽，或豪放，或俊逸，对龚自珍日后的创作有很深的影响。

龚自珍的父亲也很注意对他的启蒙教育，为他请家塾教师，教他诵读梁代汇编的诗文辞赋，使他对先秦至南北朝的重要作家作品有所了解。还给他讲诗歌的"风雅颂"体制和"赋比兴"表现手法，使他对诗歌创作理论有初步了解。

龚自珍从少年时代开始就从身为经学家的长辈那里接受文字训诂，书籍核勘，金石考证，掌故钩沉等方面的基本功训练。12岁时外祖父给他讲解《说文解字》部目，传授文字学基本知识。他14岁时开始考订古今官制，他晚年针对清朝官员人数增加太快，冗滥严重的情况而撰的《汉官损益》等官制著作，便是完成髫年之志。他16岁时读我国古代最大一部丛书《四库全书总目提要》，并从此书开始留意藏书，考据版本，立志在目录学方面有所成就。他17岁时由父亲带领参观太学，以读古代刻在鼓形石头上的石鼓文，使他产生收集研究古代钟鼎碑刻及各类古代文物收藏的爱好，曾撰《羽琌之山典宝》记录这些文物。

上面所讲学问都有艰涩烦琐的特点，龚自珍往往感到不耐烦，但在外祖父耐心教导下，从此注意扎扎实实做学问，不再忽视琐屑之处。

少年龚自珍也阅读许多别的方面的书：文学的，史学的，哲学的。如王安石的政论文《上仁宗皇帝言事书》，还有屈原、李白的诗，庄子、贾谊等的散文及司马迁的《史记》，班固的《汉书》。这样广泛阅读，为日后的议政活动和诗文创作打下了深厚的基础。

长辈们对少年龚自珍的品德修养也是很重视的。取名自珍便可见一斑。品德教育重在身教。长辈们平时立身处世的好品德，对他有潜移默化

我劝天公重抖擞
——龚自珍

的影响，如他们的恬淡好学、仁教方正、清廉认真对少年龚自珍起了示范作用。

龚自珍虽然读书广泛刻苦，但生活并不沉闷，生性活泼好动，不喜受拘，多年以后还填词回忆儿时下塾回来嬉玩的情景："放学花前，题诗石上，春水园亭里。逢君一笑，人间无此欢喜。"（《百字令》）

他家住在北京城南时，附近有座唐代建设的名刹法源寺。保姆带他去玩，他居然爬到佛座上去嬉戏。有时候公然逃塾跑到法源寺，坐在门前的石狮上大声读书，自由自在。母亲的叔父段清标老人因他逃塾就循声来找，他却与老人躲起迷藏，引老人也高兴起来，寺里的和尚开玩笑说这是"一猿一鹤"。

龚自珍小时候很喜欢音乐。音乐的传情作用和他多情善感的个性十分合拍。每当夕阳西下，街巷传来卖糖人如诉如咽、起起停停的箫声，使他心神凝痴。而每当月上柳梢，爱吹笛的他也会倚栏吹笛歌唱，周围观看的人都赞龚家有这样翩翩风度的少年。除此，他还会弹琴，曾作诗回忆童年时，"窗外双梅树，床头一素琴"，青年以后作《琴歌》，梦见仙人送他琴谱。

龚自珍小时候与花也结下了不解之缘。家住北京时，附近常有花市，使他有机会见到很多花，见得多，就培养出了赏花的兴趣和眼力。少年时为了记叙和注释各种花木，他积累了成车的稿子。

龚自珍在北京家塾里读书的老师叫宋璠，性格内向，无论对自己还是对学生要求都很严格。他从小就有孝顺父母的美名，在学问上肯下功夫，治学态度孜孜不倦，这些高贵品质无疑对龚自珍起到了言传身教的作用。后来龚自珍还特意写了《宋先生述》纪念这位老师，含蓄地表现了宋先生治学为文自得其乐、不求人知的高傲可喜的性格，以及龚自珍对宋先生孤寂无闻、怀志以没的无限同情。

　　龚自珍自小喜欢交友，特别喜欢与年岁比自己大又有学问，不同流俗的人交友。他与夏璜交友是他交友之始，他们的友谊是建立在求学共进基础上的。夏璜长他17岁，对《左传》和《二十二史》钻研很深，龚自珍与他就《左传》内容彼此质疑问答有"五百事"，互相考试历代史书内容有"三千场"，虽然意见或合或否，却能怡然以欢。

　　龚自珍18岁时与已年近五旬的著名诗人王昙结为忘年交。王昙为浙江秀水人，中过举，作风狂放，好游侠，怀才不遇，而又穷病交困，终身潦倒，深得龚自珍的同情。王昙是因被工于心计的老师陷害而遭人鄙视的，仕途也无希望，愈加放纵，不为亲朋好友所容。可龚自珍却理解他，同情他的遭遇，怜惜他的学问才华。订交八年后曾留宿王昙一段时间，并在王昙死后，为他料理葬仪，并撰写《王仲瞿墓志铭》，用与王昙这位奇人相称的奇文，记叙了王昙的一生，为其申诉心中的不平。

　　由于勤读多写，少年龚自珍的思辨和写作能力很强，有超过一般孩子的才华。他很早就进行诗歌创作，从15岁起即开始古今体诗编年，可惜这些创作失传，无从知道具体内容。

　　龚自珍13岁时写了篇《辨知觉》，回答塾师"知与觉何辨"的提问，这是一篇讨论哲学认识论问题的文章，一般孩子写不出，可是龚自珍把自己的观点表述得清清楚楚，有独到的见地。

　　他先对"知"和"觉"两个概念作了区别，他说，"知"就事而言也，"觉"就心而言也。知，有形者也；觉，无形者也。知者，人事也；觉，兼天事言矣。龚自珍认为"知"就是对客观事物的认识而言的，"知"的对象和所说的道理是可言的，而"觉"是就主观认识能力讲的，不是对某种具体事物的认识，而是不可言的思维活动，是一种天赋能力。

我劝天公重抖擞
——龚自珍

这样的说法没有错，但他在作了这样的区分之后又认为圣人是"先知先觉"，凡人是"知而不觉"，凡民只能学习圣人教给的知识道理，而圣人的知识道理是天赋的，不待学，不待教，"神悟"出来的。这种观点是不对的，是天才论，是主观唯心主义认识论。但仅就一个13岁孩子的思辨能力和写作能力而言，却不能不说是很高的。寥寥几百字就将什么是"知"、什么是"觉"，以及"知"和"觉"的联系说清楚了，有理论、有例证。龚自珍对少作《辨知觉》颇感自负，后来诗中也说自己"文章酸辣早，知觉鬼神灵"。

龚自珍13岁时，还写了一篇托物言志的文学习作《水仙花赋》。在文中龚自珍把水仙花拟人化成一个美人，着力写出它的高洁形象，以作为自己心灵品格的写照。

> 有一仙子兮其居何处？是幻非真兮降于水涯。鞞翠为裙，天然装束，将黄染额，不事铅华。时则艳雪铺峦，懿芳兰其未蕊；玄冰荐月，感雅蒜而先花。花态珑松，花心旖旎。一枝出沐，俊拔无双，半面凝妆，容华第几？弄明艳其欲仙，写淡情于流水。磁盆露泻，文石苔皴。休疑湘客，禁道洛神。端然如有恨，翩若自超尘……

这篇赋用铺陈的手法，细致地描写了水仙花"美人"一般的芳姿和"高士"一般的品格：水仙花像一位仙女从天而降，居住在水边。下垂的翠叶是她的衣裳，装束一派天然；她用黄色染颜，并不涂脂抹粉，特意打扮。当明艳的白雪铺落山峦、晶莹的冰块映衬月色的时候，美好的芬兰尚未含苞，而水仙花的鳞茎已率先着花。花态清冷凉爽，花蕊柔美婀娜。她一枝出水，秀美无比，盛妆微露，容华绝代。她的外貌是那么明艳，就像要成仙人；她的感情是那么恬淡，就像是流水一般。她长养在滴露的瓷盆里，又有文石青苔陪衬，更显古雅。一看到她翩翩超俗的风度，再也不必去称赞洛水女神……

这篇赋辞藻优美，韵节和谐，体物、写志相结合，从中既可看到少年龚自珍对超拔流俗、培养理想人格的追求，又可看到少年龚自珍对事物敏锐的感受力、丰富的想象力和充满骚情逸韵的文学才华。

嘉庆十五年（1810年），龚自珍18岁，在北京的顺天乡试中中副榜第28名，称"贡生"，由此他进入青年时期。21岁时，以副榜贡生资格考充武英殿校录，得以在校勘抄录之余阅读国家保存的图书秘籍。不久，随父调任徽州知府南行，途中并随母亲探望在苏州的外祖父段玉裁，并与其孙女段美贞结婚，婚后赴徽州，参与父亲主修的《徽州府志》的工作。22岁时赴北京第二次参加顺天乡试，结果落第；在京期间妻美贞病逝于徽州。24岁时续娶安定知府之女何吉云为妻。25岁时又随父调任苏松太兵备道，赴上海，在此三年中，与父亲门下的人才交流甚密，一起搜集典籍，评论时政，游览山水，共赏诗文，并第三次应乡试，但仍落第。

龚自珍与段美贞结婚时，外祖父关心他的学业。阅看了他19岁开始倚声填词以来所作的词辑成的《怀人馆词》和《红禅词》。外祖父看后大为赞赏，但他希望龚自珍能放弃，"有害于治经史之性情"，"努力为名儒，为名臣，勿愿为名士"。

而此时的龚自珍因随父调任和参加科举考试而南北奔走，初步接触了社会，看到了统治阶级的黑暗，也看到了下层百姓的艰辛生活。他的思想发生变化，成长为一个对时局有敏锐认识的青年，目光由词作、经史之学转向现实政治，致力于政论文的写作，勇敢揭露封建末世的社会黑暗，初露议论时政的锋芒，离开长辈为他安排的"努力为名儒，为名臣"的人生道路。

偏爱经世致用之学

　　龚自珍十分敬佩北宋时期鼓吹改革变法的政治家王安石，曾经九次手抄《上仁宗皇帝言事书》，反复诵读。

　　龚自珍在少年时代就把"中国11世纪的改革家"王安石作为自己的学习榜样，而"慨然有经世之志"。进入青年时期后，经世之志已十分明确。20岁时写《水调歌头》一词，悼念先师宋先生，并抒发他的经世抱负和人生感慨。全词一是说自己有济世致用的豪情壮志，所以要豪爽地交友。二是说自己不为世用的哀伤，怀才不遇，对社会失望。此时他并未真正尝到社会斗争及社会压抑的痛苦，但他已有了预感，由此便可见他是一个有政治抱负的人。

　　龚自珍22岁那年赴京应试未中，尽管他一向蔑视科举考试的功名，但作为一个封建社会的知识分子，要实现自己的经世抱负，为社会做一番事业，非走科举考试这条路不可。为此，落第令他很不快，作词《金缕曲》来表示自己的失望，但他也并不气馁，词中还表达了要与"美人""名士"各类人物结交的愿望，也即他团结各类人才以便在社会上有所作为的愿望。

　　龚自珍的经世之志主要是由当时的社会状况促成的。这是一个"山雨欲来风满楼"的时代，阶级矛盾和民族矛盾都在激化，中国封建社会已走向没落。剧烈的土地兼并、苛重的地租赋税、空前腐败的吏治，使得农

大清文豪故事

民起义和少数民族起义前呼后应，同时西方殖民主义入侵的外患也日趋严重。这样内外交困，危机显露的时代，使龚自珍敏感的心灵不断受到震动，逐渐觉醒起来，开始正视现实，要求改变现状，从而产生经世之志。

龚自珍的家庭环境，对他经世之志的形成也起了相当大的作用。生活在任地方高级官员的父亲身边，使他对国家和地方上的时事政治有相当多的了解。另外，他父亲为人大方，交游甚广，不少是文化知识丰富且又能思考问题的士大夫，为龚自珍扩大生活视野，提高政治素质，提供了优越条件。同时，来自各个地方、各个阶层的客人，自然带来了社会各方面的情况、社会各阶层的思想要求，青年龚自珍在耳濡目染中也深切感受到时代脉搏的跳动，为现实社会的种种危机所震撼，从而产生经世之志。

青年龚自珍对各种经世之务，如农田水利、财政金融、刑狱司法、官制仪制、方志地理、社会风气等都十分关心，认真研究，并经常走向民间去了解世隐民情，调查取得第一手具体材料，获得了对社会问题的最基础知识。

万马齐喑究可哀

嘉庆十八年（1813年），河北、河南、山东等地爆发天理教农民起义，有一支起义队伍竟然里应外合，攻打进戒备森严的紫禁城。嘉庆帝大为光火，颁谕旨斥责百官昏庸无能，没有良心。龚自珍因此写出有名的政论文章《明良论》，对嘉庆帝的谕旨进行了针锋相对的批驳。

1813年上半年华北地区大旱之后又大雨，天理教两地首领见时机已

我劝天公重抖擞
——龚自珍

到，决定起义。却因首领之一李文成被捕，起义提前，而又来不及通知另一首领林清，使其也被捕等原因导致起义失败。起义虽然失败了，但它沉重打击了清王朝，起义爆发时山东等地也纷纷起兵响应，可见刀光剑影对封建统治造成的威胁。为此，嘉庆帝在起义爆发后由热河赶回京城途中下达的《罪己诏》中表示要"返躬修省，改过正心，上答天慈，下释民怨"，但是他把引起农民起义的责任全推在群臣身上。

事实上，清朝统治机构臃肿庞大、官吏昏庸无能、吏治腐败是引发农民起义的根本原因，也即根子还是在皇帝那里。例如，乾隆帝好大喜功，喜欢臣下奉承，这就为官员们以孝敬皇上为名进行贪赃枉法创造了条件。

面对这样的形势，22岁的龚自珍写了著名政论《明良论》（共4篇），针对嘉庆帝的《罪己诏》提出自己的异议，用传统说法立论，从"君不明因而臣不良"的角度探索动乱的根源，批判吏治腐败的同时，也批判君主专制。

例如，在《明良论》二里，龚自珍说当今读书做官的人，官当得越久，精神面貌也越卑下，各种恶习就越顽固，龚自珍特别对官员们无耻的心理活动进行了揭露。

今政要之官，知车马、服饰、言词捷给而已，外此非所知也。清、暇之官，知作书法、赓诗而已，外此非所问也。堂陛下之言，探喜怒以为之节，蒙色笑，获燕闲之赏，则扬扬然以喜，出夸其门生、妻子。小不霁，则头抢地而出，别求夫可以受眷之法，彼其心岂真敬畏哉？问以大臣应如是乎？则其可耻之言曰：我辈只能如是而已。至其居心又可得而言，务车马、捷给者，不甚读书，曰：我早晚值公所，已贤矣，已劳矣。作书、赋诗者，稍读书，莫知大义，以为苟安其位一日，则一日荣，疾病归田里，又以科名长其子孙，志愿毕矣。且愿其子孙世世以退缩为老成，国事我家何如焉？

文中龚自珍不仅形象细致地刻画了这些官员的无耻，而且指出这是君主专制的结果，君主要巩固自己的独裁地位，势必就要摧残官员的廉耻之心，使之变成听命的奴仆。

君主专制造就昏庸无耻的官吏，昏庸无耻的官吏维护着君主专制，这样的国家政治怎么会不腐败？对此，龚自珍作了这样一个比喻：

人有疥癣之疾，则终日抑搔之，其疮痛，则日夜抚摩之，犹惧未艾，手欲勿动不可得，而乃卧之以独木，缚之以长绳，俾四肢不可以屈伸，则虽甚痒且甚痛，而亦冥心息虑以置之耳，何也？无所措术故也。

清王朝是中国封建社会的末期，君主专制造成的腐朽性，已为许多思想家认识，他们把批判的矛头指向君主专制。如清初的黄宗羲说："天下之大害者，'君'而已矣！"龚自珍继承了这个传统，一直都对封建纲常的核心"君为臣纲"提出非议，"抵制专制"。

这在中国思想发展史上有重要意义，反映了近代民主主义思潮的兴起。他在《乙丙之际塾议》第二十五中说："居民上，正颜色，而患不尊严，不如闭宫廷……"可见他对君主专制的痛恨。

在《明良论》中，龚自珍还只是对封建统治的各种具体腐败现象进行批判，而在他其后所著的《乙丙之际箸议》中他已上升到历史的高度来看待这些问题，对现实政治的发展趋势进行议论，把现实社会断定为由"乱

我劝天公重抖擞
——龚自珍

155

世"转变为"衰世"。

在《乙丙之际箸议》第九里，他提出自有文字以来"世有三等（治世、乱世、衰世）"的说法，对"衰世"情况进行描述，并提出衰世社会最严重的问题是缺乏人才，统治阶级用种种思想观念、规章制度对人来进行精神扼杀，使其失去历史责任感，社会开始衰败。龚自珍对衰世极为忧虑，提出貌似稳定的社会行将解体的警告，他的观察是深刻的，认识是敏锐的。

在这个时期龚自珍以象征手法写政论文《博隐》，文中他以"日有三时"，即早时、午时、昏时作比喻，说明社会历史的变迁，警告封建统治"衰世"的到来。在象征性的描写中他大胆、坚决地对封建衰世进行批判，并预言一种新的封建力量的兴起，对未来反对封建斗争风暴的来临充满憧憬。

龚自珍在向统治阶级发出警告之后，又鼓动统治者赶快进行社会改革，他希望清王朝统治者主动改革法令、政策，进行"自改革"，以扭转衰败局面。

25岁在上海时，龚自珍把以前所做的文章汇编成集，命名为《泣序文》，意思是集中的文章都是忧世伤时之作，他要为现实社会政治的危机而痛心哭泣。积学之士王艺荪及龚自珍的朋友看了这本集子后，都大加赞赏，但又都劝他放弃这些批判性太强的文章，以免遭迫害。但他不甘愿就范于统治者而为腐朽统治粉饰太平，做俯首帖耳的奴隶，毅然坚持"批判"这条路，这正是他的可贵之处。

嘉庆二十三年（1818年），龚自珍26岁，第四次参加乡试，中浙江乡试第四名举人。两年后，以举人资格任内阁中书之职。此后的20年中，除因母亲去世，回南方小住三年以外，他一直长住北京。中举之后，他以为再通过会试中进士，可谋得较高官职，施展政治才干，却直到38岁第六次参加会试和殿试时，才中三甲第19名，成为进士，但在其后朝考中以"楷法不中程"之因未能列为优等，因而未能进入翰林院，又不愿到于国家政治不会有大的补救的地方任职，便在京任内阁中书共15年。道光十五年（1835年）才改任家人府主事，1837年以改任礼部主事祠祭司仪行走，后又补礼部主客司主事，仍兼祠祭司。

这是龚自珍京华议政，呼吁改革的20年，他虽一直只担任冷署闲曹的小官，却始终保持着关心国家大事的热情。通过朝廷考试答卷、向高级官员上书，与有识之士交游、撰写政论文章等形式，批评时政，急切呼吁改革。他在"自古及今，法无不改，势无不称，事例无不变迁，风气无不移易"的思想指导下，针对当时的社会问题，提出一系列改革建议、"医国"方案，以图挽救国家危机。这些建议方案虽然并未超出封建主义的范畴，是在现在秩序上作些改良，但毕竟与当时现实政治处于对立地位，这样做是很需要勇气的，在当时和以后都发生了振聋发聩的作用。

龚自珍这时在学术思想上坚决抛弃了乾嘉学派的考据之学，而接受了《春秋》公羊学派（刘逢禄、左存与）的影响，以"三世说"社会发展观点呼吁改革，巧妙地借考史讲经形式来议论时政，使学术研究与现实社会政治联系起来，而能经世致用。研究的课题也很广泛，即研究所谓"天地东西南北之学"，其中特别注重于当代典章制度和西北边疆民族地理研究，因而得以对现实社会政治问题提出较为中肯的改革建议。

由于屡考屡败，久居下位，改革主张不被接受，因而龚自珍悲愤的心情愈见沉重，他常用诗歌的形式来表现这种心情，形成他诗歌创作的第一个高峰期。此间诗作，如《能公公少年行》《十月廿夜大风，不寐，超而书怀》《夜空》《秋兴三首》《咏史》，都表现他对黑暗政治无法调和的

我劝天公重抖擞

——龚自珍

敌意抗议，和从挫折失望中产生的悲哀，跃动着一个极其动人的封建社会叛逆者、改革者的形象。

他认为，一个衰败社会的主要特征就是缺乏人才，"左无才相，右无才史，阃无才将，庠序无才士，陇无才民，廛无才工，衢无才商，抑巷无才偷，市无才驵，薮泽无才盗，则非但鲜君子也，抑小人甚鲜"。人才困乏的原因在于整个社会嫉才妒能，遇有"才士与才民出，则百不才督之，缚之，以至于戮之"。由是他大声疾呼："九州生气恃风雷，万马齐喑究可哀，我劝天公重抖擞，不拘一格降人才！"

世人皆醉我独醒

龚自珍把他所处的衰世比作一个全身长满疥癣的人，大发议论说："人有疥癣之疾，则终日抑搔之，其疮痛，则日夜抚摩之，犹惧未艾，手欲勿动不可得，而乃卧之以独木，缚之以长绳，俾四肢不可以屈伸，则虽甚痒且甚痛，而亦冥心息虑以置之耳，何也？无所措术故也。"

为挽救这种衰世，龚自珍疾呼"更法""改图"。他在《尊隐》一文中以寓言的形式将统治者所在的京师比作行将崩溃的"鼠壤"，与之对立的有一种"天地为之钟鼓，神人为之波涛"的"山中之民"，一啸百吟，将要起来冲破清王朝统治的堤岸。他希望统治者能够振作起来，"一祖之法无不敝，千夫之议无不靡，与其赠来者以劲改革，孰若自改革"？龚自珍认为造成社会黑暗的一个重要原因是"政要之官"昏庸腐败，不务国政。因此主张"裁损吏议"，特别对于那些贪官污吏要坚决革职，对于极为恶劣的要像捕捉熊罴鸥鸮豺狼一样捕杀之。

在中国，有所谓"天不变，道亦不变"的形而上学思想；长期为腐朽的封建统治者所拥护，"祖宗之法不可变"的思想已经在人们头脑中根深蒂固。因此，龚自珍呼吁改革，必须先寻找一种有权威性的理论，给改革的主张披上一件合法的外衣，使自己的改革主张立于不败之地。28岁的龚自珍从著名公羊学派学者刘逢禄那里接受来了"公羊学"，并以此作为改革的理论武器。

"六经"（《诗经》《书经》《礼经》《乐经》《易经》《春秋》）是封建社会法定的儒家经典，阐发"六经"的工作叫"经学"。"经学"是中国封建统治学说的总称，是中国封建社会学术研究的主体。自汉代以来，这"经学"内部存在不同的学派：古文学派，偏重于"名物训诂"，特色为考证，流弊为繁琐；宗学派，偏重于讲"心性理气"，特色为玄想，流弊为空疏；今文学派偏重于"微言大义"，特色是功利，流弊为狂妄。在三个学派中，孔子分别被认为是史学家、哲学家、政治家，而"六经"又分别被认为是孔子整理古代史科之书，孔子载道之具，孔子政治之说。在龚自珍那代，宋学派、古文学派受统治阶级优宠而成正统，龚自珍的长辈及青年时代的自己本是古文学派（考据派），但进入中年后，从宣传其社会批判与社会改良思想出发，他改而赞成今文学派，即认为孔子是政治家，要在孔子等先圣著作中探求政治斗争的"微言大义"，从那里获得议政的理论依据。

最受今文学派重视的儒家经书是《春秋》，最受重视的解释《春秋》的典籍是据说由公羊高传写下来的《春秋公羊传》，因为该书对于史实的记叙少，而大力阐发孔子的政治思想。公羊学曾在汉代衰微，清代重新兴旺，一批眼光敏锐的学者企图在学术研究中找出一条挽救社会危机的道

我劝天公重抖擞
——龚自珍

路，通经致用。龚自珍就是在这时向刘逢禄学习"公羊学"的。

刘逢禄，字甲受，江苏武进人，当时任礼部主事，著有《春秋公羊经何氏释例》等书。龚自珍被他们的高言快论所倾倒，被今文学派公羊学的"经世致用"观点所折服，而决定"从君烧尽虫鱼学，甘作东京卖饼家"。因为当时古文学派搞考据训佐之学，往往钻到鸟兽虫鱼等琐碎事物解释中去，故被讥为"虫鱼学"，而东汉时有人把《春秋公羊传》讥讽为"卖饼家"，是被人瞧不起的。龚自珍的此两句诗显示了他寻找到了自己需要的理论武器时喜悦痛快的心情。

龚自珍从"公羊学"那里接受的议政的思想武器主要包含着辩证发展观点的历史观——"张三世""通三统""绌周王鲁""托古改制"的观点。即认为历史是按照"据乱世""开平世""太平世"三个阶段，循环向前发展的，任何一个王朝如果不能明修政治，都会衰败而被新兴的王朝所替代，中国古代的夏商周三个王朝的改朝就是如此。孔子编写《春秋》的目的，是通过记叙鲁国的历史来贬绌衰亡的周朝，尊崇新兴的鲁国，宣扬政治变革思想。因此，"公羊学"的这种观点尽管有历史循环论的缺点，但毕竟能支持龚自珍去批判现实，支持他改革现实，为他所欢迎。早在他青年时代所写的《乙丙之际箸议》第九和《尊隐》的议论里，已有这一观点的初步运用，但在学习"公羊学"之后，这种观点才理解运用得更加透彻与明确，成为他呼吁改革的理论基础。

龚自珍第二次参加会试落第之后，以举人资格任"内阁中书"之职，当时的"内阁"仅是个起草一般诏令，批答一般奏章，抄录和保存文件档案的事务性机关，没有什么实权。"内阁中书"的品级很低，为"从七品"。

但是内阁大库有丰富的藏书，内阁官员可以随便翻阅，龚自珍对这些典籍和档案资料很感兴趣，经常进库阅读，甚至带去蜡烛，挑灯夜读。他如此勤奋阅读，是为了深入了解世情民隐，熟悉政治、经济、文教等方面的各种典章制度，以便自己议论时政、提出改革方案时，做到有的放矢、切实有效。

龚自珍很注意从经济角度探索衰落的根源和设计社会改革的方案。在他看来，先有经济，特别是先有农业生产，然后才有国家和礼乐、刑法等制度，因此，要治理好国家先得从经济改革下手。

龚自珍早在25岁时，就写有《平均篇》一文，认为一个朝代的兴起，财富分配一定比较均匀，帝王取一盂（大碗），大臣取一勺（大勺），众民取一卮（小酒盅），大体相齐。而财富高度集中，贫富悬殊，这个朝代就会衰亡。他认为当前的情况是两极分化很严重，民怨沸腾，动乱四起，统治者面临"丧天下"的危险。因而他主张用损有余以补不足的办法解决社会危机，维持不引起动乱的大体"平均"。所以，他说："有天下者，莫高于平之之尚也。"

七年之后，龚自珍对"平均"的具体办法，有了进一步的考虑，写了《农宗》一文，提出反对土地兼并引起贫富不均的改革建议。我们知道，清军初入关时，各族统治者疯狂掠夺土地，清政府还颁布了圈地令大规模占地，引起直隶人民的强烈反抗。失去土地的农民生计困难，当然就引发起义。于是龚自珍"渊渊夜思"，考虑"定民生"的方案，就不能不首先筹划土地分配办法。

在《农宗》中，龚自珍主张按封建宗法关系分配土地。他把每个家族中的人划分为大宗、小宗、群闲和闲四个等级，按等级分配土地，四个等级继承父田的亩数依次减少，他还以为佃户也是必须有的。龚自珍希望用这样的办法限制土地兼并，使各封建等级安于本分，互不侵犯，且把无地农民吸引为佃户，固定在故乡的土地上，解决当时已经突出的流民问题。这样在其他人维持温饱的基础上，保持血缘的长子在经济上的绝对优势，从而保证等级制社会秩序的稳定。

很明显，龚自珍的土地分配方案不是把中国向前推进到资本主义，而是企图用落后的宗法制来维持封建主义，并没有触动地主阶级土地占有制，与农民阶级的均田思想有本质不同。因而，它的价值不在于它能真正实行，而在于它的矛头指向官僚地主兼并势力，反映了群众要求限制土地兼并势力以解决社会危机的愿望。

在龚自珍那个时候，新疆天山南北的广大地区还是叫"西域"。自17世纪以来，那里先后发生了好几次少数民族分裂主义者的叛乱，不过都被清政府平定了。如1690年，新疆天山北路准噶尔地区的漠西蒙古贵族噶尔丹，在俄国唆使下，公然向康熙帝提出"圣上君南方，我长北方"的狂妄要求，并发动反对清朝中央政府的战争。1695年，噶尔丹在俄国支持下，又沿克鲁伦河东下，大举内犯。这两次叛乱被康熙帝率兵平定。1755年，在俄国支持下，控制新疆准噶尔部的反动贵族陈睦尔撒纲发动叛乱。1758年，新疆天山南路的维吾尔族反动贵族大和卓木和小和卓木发动叛乱。这两次叛乱是乾隆帝派兵镇压的，并在其后重新统一新疆地区。从1762年开始，清朝在新疆设伊犁将军，统治天山南北两路，又在新疆各地驻扎军队，设置哨所，加强西北边防。

但由于新疆地处边陲，情况复杂，一直到19世纪20年代，清政府对新疆只满足于一般的军事管理，地方实权仍掌握在当地少数民族上层贵族手里。这种情况对于清政府巩固多民族国家，以便抵御俄国等西方国家的侵略是不利的。

对于这样的军国大事，一般知识分子避而远之，以全其身。龚自珍不过是一个小小的内阁中书，却在刚入阁的那年（1820年）写了《西域置行省议》，向朝廷提出一整套在新疆建省、开发新疆、巩固西北边际的建议，显示了他的宏谋远略。

首先他肯定新疆是中国的版图，认为清代历朝皇帝西向用兵开拓西边、平定叛乱，是完全正确的。接着他认为朝廷当今的任务是在已有武功的基础上，采取种种措施大力开发新疆，有效治理新疆，使之安定繁荣，不能再消极地等叛乱发生再去征讨。为此，他提出了许多具体建议。

一是"移民"。把内地过剩的人口"招募西徙"，去开发新疆，增加财富，培养国基。二是"置省"。新疆要建省，成立各级政府，任命各级官员，龚自珍还因地制宜，详细提出行政区域的划分、各州府县的名称、各级官员的名额和驻地。三是"施政"。包括军事、农垦、财政、文教等方面的政策措施。军事方面，强调督察，农垦方面强调改屯丁为民户，财政方面强调保护当地生产，文教方面强调重视教育。

在文章最后，龚自珍的"自己说"，字字句句显示了他是多么希望自己的一片议政苦心能为当政者理解，把字面上的东西付诸实践啊！

当《西域置行省议》定稿时，新疆又发生了张格尔叛乱，英国派间谍充当张格尔的顾问，并向他提供新式武器，驻守新疆的清军兵力不足，嘉庆帝急忙远距离调军镇压，龚自珍认为这样劳师糜饷，不明智，更急于把自己主张"以边安边"的《西域置行省议》交给有权处理边事的官员"付诸实施"。

龚自珍的文章并不是不关现实痛痒的史料和考试之作，而是很有现实意义的，但因其官位卑下不被重视。张格尔叛乱时，龚自珍19岁，考中副榜贡生的"房考官"罗宝兴赴新疆任职，以师生之谊启用《西域置行省议》本是一个好时机，可虽经龚自珍再三努力，却终被闲置。后来的事实

我劝天公重抖擞——龚自珍

证明，龚自珍关于开发新疆的建议，确实是实现了，光绪年间新疆建省，新中国成立后内地大批青年入疆，参加生产和国防建设，也说明了龚自珍预见的正确。

龚自珍能写出《西域置行省议》这样切实宏大的政治建议，是由于他这时已开始从事西北边疆历史地理这一门新学问的研究，从清朝建国以来，新疆、青海、蒙古、西藏都存在民族问题，还有一些殖民主义者插手，清朝中央政府需要加强这些地方各方面情况的调查研究，拿出对策以巩固统一的多民族国家，龚自珍等一批有经世之志的学者就开始了西北边疆历史地理的研究。

针对这方面的研究，他写了《上国史馆总裁提总纂书》，"论西北塞外诸部落沿革，订旧志之疏漏，凡一十八条"。还核理了《大清会典》中"藩理院"这一门类，以及青海、西藏的各种地图。总之，龚自珍"于西北两塞外部落、世系、风俗、山川形势、原流合分，尤役心力，调明边事，雅称绝皆（吴昌缓《定庵先生年谱》）。他在清贫的生活中刻苦钻研，换来了卓异的成绩，他博大精深的边疆历史地理学问，引起了整个京师的轰动。

人才问题在龚自珍思想上一直占有突出的地位。他青年时期的许多政论，如《明良论》《乙丙之际箸议》《尊隐》等，都是以人才问题为议论中心，认为衰世社会的突出特征是人才遭排斥扼杀，大家都平平庸庸，无所作为。进入中年后，龚自珍急切呼吁社会改革，更加注意人才问题，以为挽救社会危机、推行社会改革方案，首先要有一批人才动力。他这个时期的许多诗歌和政论都从封建专制下人才不足这个特别的角度来揭示封建社会衰亡的原因，并希望从解决人才空虚问题入手来解决整个社会的其他问题。

在龚自珍看来，所谓人才，是有胸怀、有见识、有是非感的。这种人能凭借手中掌握的权力除弊图新，能凭借强烈的是非感大造舆论，指陈时弊，倡导改革。

然而令龚自珍大为感慨的正是这种人才的缺乏。他34岁（1826年）因母亲去世，回浙江故乡服丧，客居昆山时写了《咏史》诗一首：

金粉东南十五州，万重恩怨属名流。

牢盆狎客操全算，团扇才人踞上游。

避席畏闻文字狱，著书都为稻粱谋。

田横五百人安在，难道归来尽列侯？

这首诗名为"咏史"，实则讽今，深刻揭露了清王朝统治下人才乏绝的局面。

社会上不是没有人才，而是人才遭压抑，被埋没。龚自珍一想到这里，情绪就特别愤慨，这和他科场屡挫造成仕途不顺利的经历有关。他多次科考落第后写的诗，都对清王朝压抑人才表示不满。例如1823年，他第四次参加会试落第，在失望悲伤中所作《夜坐》诗二首即是如此。

春夜伤心坐画屏，不如放眼入青冥。

一山突起丘陵妒，万籁无言帝座灵。

塞上似腾奇女气，江东久殒少微星。

平生不蓄湘累问，唤出姮娥诗与听。

这是其中的第一首，第三、第四两句从比喻的手法写出像自己这样有

我劝天公重抖擞

——龚自珍

突出才能的人遭到周围平庸小人嫉妒，在封建专制淫威下，人才乏绝，整个社会死气沉沉。

道光六年（1826年）春天，他又作《秋心》诗二首。下面是其中的第一首：

秋心如海复如潮，但有秋魂不可招。

漠漠郁金香在臂，亭亭古玉佩当腰，

气寒西北何人创？声满东南几处箫？

斗大明星烂无数，长天一月坠林梢。

整首诗把落第失意，众醉独醒，人才被压抑的深广悲愤，表现得淋漓尽致。

人才遭压抑的原因很多，大体来说，和当时的教育制度、科举制度、官吏制度有关。这三种制度构成了封建社会三位一体的人才制度：教育制度用于培养人才，科举制度用于选拔人才，官吏制度用于使用人才。而其中心环节是科举制度，因为正是选拔什么样的人，决定了培养什么样的人，使用什么样的人。龚自珍要求解放人才，首先要从废除科举入手。

所谓"科举"，就是国家设立科目，以考试举士。这种制度还是有一点积极意义的，因为破除了以门阀高下作为用人标准的腐朽做法，打破了由豪门士族把持国家政权的政治格局，为广大中小地主阶级知识分子提供了参与治国和施展才能的机会。但是这种制度也有弊端，特别是到了明清时期，其弊端就更突出。因为明清两代采用八股取士的办法。所谓八股文，就是按照规定的格式写一篇解释经义的文章，题目都是从"四书""五经"里摘出，考生按题作文，文章由破题、承题、起讲、入手、起股、中股、后股、束股等部分组成，每个段落都死守在固定的格式里，字数都有一定的限制，甚至卷面书法也必须用"馆阁体"恭笔正楷。这样一来选拔人才的标准并不是提出问题、解决问题的实际能力，而是对儒家经书的理解程度，不重才干，只重文采，甚至仅重书法。这样科举制度所造成的价值观念，不是忧国忧民，而是教人获取功名利禄，充当君主的工具和奴仆。

这样，龚自珍就把很大的注意力放在呼吁变革科举制度上，利用一切机会建议变革八股文取士的科举制度。道光二年（1822年），他在写给某官员的信《与人笺》里提出八点建议，其中有一点就是改革科举制度，论述八股取士的弊端，希望"乞改功令，以牧真才"。道光九年（1829年），他参加由皇帝主持的殿试，在答卷《对策》中也要求，改革科举制度，认为科举制度不过是追求利禄的工具，使读书人"疲精神日为于无用之学"，一旦考取做了官，又由于字非所用，都不能称职，故应改革。道光十七年（1837年）以后，龚自珍任礼部祠祭司职务时，撰写的《祀典杂议五首》，嘲讽了京师及州县所立的专司科举考试功名得失的文昌君纲。这篇文章不仅是在民间传阅的私人著作，而且是给上司看的公开之作，他竟然敢这样讲，不怕惹祸。道光十八年（1838年），他在《述思古子议》里建议用汉朝的"讽书射策"制度代替八股文取士制度，即要求考生回答有关本朝的政事问题，陈述考生自己对现实政治的见解，不再要求考生背诵解释儒家经书。这个主张，显然是为培养革新人才，冲破"万马齐喑"局面的政治理想服务的。

龚自珍自己多次参加科举考试落第，与他思想解放、直言无忌有关，也和他恭笔正楷写得不符合科举考试用字"馆阁体"的要求有关，对此他又是气愤，又是自怨自艾。在《跋某帖后》中，他说："余不好学书，不

我劝天公重抖擞
——龚自珍

得志于今之宦海，蹉跎一生。回忆幼时晴窗弄墨一种光景，何不乞之塾师，早早学此？一生无困扼下僚之叹矣！可胜负负！壬辰八月望，贾人持此帖来，以制钱一千七百买之，大醉后题。翌日见之大哭。"

有一次，龚自珍去见他任礼部尚书的叔父龚守卫，恰逢一位新考上翰林的门生求见，龚自珍避入旁边的小房。叔父与该人谈到派到外省做官之前的翰林有一考试，只需做到字迹端秀，墨迹浓厚，点画平正，一般都能考中。那门生正对此唯唯听命时，龚自珍忽然在边房里鼓掌大声说："翰林学问原来如此。"为此，龚自珍的叔父勃然大怒，苛责龚自珍。从此以后，龚自珍与叔父断绝了往还之礼。

当朝廷内外还在自欺欺人，盲目歌舞升平的时候，龚自珍却大声警告说"衰世"已经到来，并且要求改革内政，不可避免地遭到权贵们的白眼、谗言乃至排挤打击，这使他时刻感到自己处在"世人皆欲杀"的孤危境地，因而充满忧患心理：

> 朴愚伤于家，放诞忌于国。
>
> 皇天误矜宠，付汝忧患物。
>
> 故物人寰少，犹蒙忧患俱。
>
> 春深恒做伴，宵梦亦先驱。

他30岁时，即任内阁中书的第二年，曾应考军机处章京，希望另找一条仕途的路子，却遭到权贵的阻挠而落选。次年，这位权贵又用流言蜚语的阴险手段中伤龚自珍。龚自珍在《十月廿夜大风，不寐，起而书怀》诗中，对这种种谗言迫害带来的忧患作了抒写。诗中既写了封建顽固派权贵的猖獗及对自己的谗言诽谤，申诉自己在这样险恶的社会环境里的痛苦，又在诗中说到这样黑暗的环境里，狂放不羁、心地淳朴的人，只能招来权贵们的憎恶怒视。在诗的最后，他表明自己希望尽早脱离这险恶可憎之地，回到风酥雨腻、一片春光的江南故乡去。

在这种死气沉沉、令人窒息的社会环境中，龚自珍只能怀着深沉的忧郁和孤独以及特有的清醒和无可奈何。为此，他只得通过回忆值得留恋的过去、幻想现实以外的美妙境界等途径，来获得对抗恶劣环境的精神出路。因此，他歌颂少年朝气和侠客义士，留恋童心和母爱，企求纯洁的爱情，向往湖山胜境，乃至梦境和佛教清净世界。这些都显示着他反对封建束缚，要求个性解放的思想感情。

龚自珍是至情至性之人，很不满当时社会一般士大夫谨小慎微、媚俗取容的人生态度，他自己在言行上，往往矫枉过正，极为狂放不羁，表现出强烈的反世俗叛逆精神。他常越出当时士大夫恪守的规范，做人不懂世故，说话不知顾忌，交游不问身份，哀乐不加节制，被人目为"狂士"。

据当时人描述，他"广额巉颐，戟髯炬目"，不修边幅，讲起话来"声震邻屋"，"喜自击其腕"，"与同志纵谈天下事，风发泉涌，有不可一世之意"。

有时后辈学生向他请教，他把问题的本末源流详加说明，循循善诱，听的人已有倦色，而他木然不觉。因而他又有"龚呆子"之称。

至于一件白狐裘在他身上，上半身还是新的，下半身却是泥污之类不修边幅之事不胜枚举。而与一个素不相识的人席地而坐对饮、歌唱则更是常事。甚至于有时说起他身居高位的叔父学问疏浅时，更是不避讳。可见他确实狂放不羁。

不必讳言，龚自珍身上确也沾染了不少当时士大夫的名士风流旧习。这是他在遭到统治者的冷遇和打击之后，看不到出路，消极、颓废思想的流露。他常访僧谈空，结交倡优，为赌博挥金如土。

他曾说自己前身是天台山一个生平一无所长，只是诵经的老和尚，于是他从29岁开始用心学佛，到晚年诵读的佛经已满49万卷。他在书房里供奉佛教天台宗智者大师的檀香像，朝夕礼拜，为自己起佛名"邬波索迦"，称书房为"礼龙树斋"。他还写过许多佛学文章，想靠佛经教义求得精神安慰。他在现实生活中遭到排斥打击，理想不能实现，于是用宗教麻醉自己。为了表示他对佛的诚心，和妻子一起"敬舍净财，助刊《大方广圆觉修多罗了义经疏》成，并刷印120部，流传施送"。

献策不受重视

龚自珍京华议政的20年，除面临日益严重的国家内政危机外，还面临日益严重的外患危机。与清王朝封建统治走向衰败的同时，西方资本主义正处于上升阶段。发达的资本主义国家都处心积虑对外侵略，它们把矛头指向了中国。当时尤以英、俄对中国的威胁最大。

俄国从17世纪中期起，就派兵越过外兴安岭，窜入我国黑龙江流域，强占江边的雅克萨城等地，越过贝加尔湖，强占我国的尼布楚等地，所过之处，烧杀奸淫，无恶不作。当地清军和各族居民与俄国侵略者进行了坚决斗争。

此外，英国资产阶级也在想方设法打开中国东南大门。起初他们想在中国市场倾销工业品，但受到中国小农业和家庭手工业相结合的自然经济的抑制，未能成功。经过多年试探，英国殖民主义者终于找到了一种打开中国大门的法宝——鸦片，于是便向中国大量输入。吸食鸦片使人精神萎靡，严重损害中国人的身心健康。鸦片贸易的走私引起吏治腐败，还使得大量白银外流而又致银价上涨。农民生产出的物品只能卖铜钱，而交赋是须折算成银两，银贵钱贱，农民生计更加艰难，使社会危机严重。随着鸦片贸易扩大，英国派兵到中国沿海各省测绘地形，收集情报，准备武装侵略，有时甚至闯入中国内河，炮击中国炮台。

面临民族危机，龚自珍忧心如焚，极为关注，与林则徐、魏源等朋友经常聚会，声气相通，在朝野形成一股相当有影响的爱国舆论力量，或筹划巩固西北边防，或呼吁禁烟抗英。

从青少年时代起，龚自珍就喜欢交游，中进士后，交游就更广了。这里我们着重讲花之寺的聚会和宣南诗社的聚会，这是他和朋友众多聚会中较有特色的两次。

花之寺在北京丰宜门外，那里海棠最盛，每当春天花开，士大夫们都来此宴集。龚自珍曾说自己和朋友们也在那里的花荫底下举行过文人酒会（"记得花荫文宴屡"）。如道光十年（1830年），道光十二年（1832年）就举行过。到了花之寺，他们把有镂空花纹的窗户都打开，让湘妃竹帘子四面垂着，室外到处都是铁梗海棠开的花，如此清静优美的境地，真能满足这些名士们的情趣。道光十六年（1836年）三月，涂宝善招在京为官的18位朋友宴集花之寺海棠花下，宴会上龚自珍醉赋《凤凰台上忆吹箫》词。

至于宣南诗社，那是当时北京的一个民间文学团体。它的前身是消寒诗会，一些在京做官的南方籍文士，每到冬天因不惯北方严寒，且十分思念故乡，便聚在一起饮酒唱酬，目的在消寒，后规模扩大，这种集会便以集会地点宣武门以南标志，称为宣南诗社。19世纪30年代以前，诗社除聚

我劝天公重抖擞
——龚自珍

会饮酒、赋诗、赏花、观碑、赏画外，还探讨些学术问题。19世纪30年代以后，国家形势使经世致用之学在京师广为流行，于是宣南诗社的成员们大都关注时事，着意经世之学，议论国家六部事例因革、用人行政得失等现实政治问题。

从现有史料看，龚自珍可能并未参加这个诗社，但和这个诗社的许多成员过从甚密。例如，道光十年（1830年），林则徐丁忧期满，返京等候任命时，曾与龚自珍有过交往，一起切磋考订过古帖等。

此外，龚自珍在道光十年还主持过龙树院聚会，参加的人有魏源、张维屏、吴虹生等；道光十六年，与吴虹生等人聚会在北京城北的积水潭，举行"秋禊"，登楼纵饮。

之所以要讲龚自珍的这些交游聚会，是因为龚自珍通过这样的交游形式，得以与当时具有改革愿望的一批先进知识分子，借赏花吟诗、谈学鉴古之名，交换对时局的看法，评论朝政，抨击顽固守旧官僚，呼吁改革，形成一股有相当影响的社会舆论力量，迫使当权统治集团不得不认真考虑。特别是，花之寺聚会和宣南诗社的许多人，在鸦片战争前夕的禁烟抗英问题上，龚自珍与他们声气相通，安危与共。

龚自珍常常从事新疆、蒙古等西北地理研究，然而由于种种原因，他始终未能出长城以外实地勘察，为此深以为憾。道光十六年（1836年），龚自珍的友人王元凤被人告状而发配到张家口军台。龚自珍请假五天，为他送行，一直送到居庸关，过了八达岭才返回，这才有机会乘便考察京北一带山川关隘形势，印证自己所得军事地理知识。

龚自珍本来就薪俸不高，可是广交朋友，纵情宴饮，又癖好古物，高价收购，因此40多岁以后经济十分拮据，常靠借债过日子。曾向寄居在他家的王元凤之妻借金钗换钱去买米盐，且又久久不能偿还，感到十分惭愧。不久，龚自珍又因触怒上官而受"罚俸"处分，生活更困难，妻子何吉云想出办法，叫他到保阳找老朋友直隶布政使托浑布帮助。

这位托浑布是蒙古族人，进士，曾在沿海地区做官，尤熟于海疆军事。每次回京都与龚自珍喝酒谈天，讲述海战取胜经历。在鸦片战争时期，他任山东巡抚，积极备战，使英舰不敢在山东逞凶而南返。总之，龚自珍觉得去求助这个壮怀激烈的人是可行的。

托浑布果然热情接待了龚自珍，"朝馈四簋溢，夕馈益丰隆"。为示谢意，龚自珍以"乞籴保阳"为题，写了五言古诗四首送给托浑布。出奇的是写到第四首的时候，忽然忘了自己狼狈的处境，又想起了国计民生，向托浑布提出一条"北直种桑策"。

诗中提到自己虽然生活艰苦，却仍想对国家的事情有所建议。于是想到河北一带百姓生活贫困，但土地并不贫瘠，而且这一带本来是古代种桑养蚕的地方，应鼓励老百姓种桑养蚕，发展丝织业。而且林则徐在广东禁烟，杜绝种种洋货，其中包括毛织品，如果中国的蚕桑事业发展起来了，洋货便无可取之处了。这样龚自珍把北方种桑和林则徐反对西方殖民主义经济侵略联系了起来，表现了他在洋货大量进口情况下发展本国农业手工业生产的爱国主张。

不过，在封建衰世，这样的建议要实行是很不容易的。一年后他辞官南归再经过这里时，并未见他的建议被采纳，他失望地写了一首诗，感叹自己不过是一介书生，献策没有效果。

我劝天公重抖擞
——龚自珍

与魏源、林则徐的交往

　　龚自珍在批评时政、呼吁改革的活动中，找到了一位知心朋友，这就是与他齐名的另一名近代著名改革派思想家魏源。

　　魏源（1794—1857年），字墨深，湖南邵阳人，比龚自珍小两岁。他和龚自珍的友谊，有其与龚自珍大体相同的经历和思想作基础，直到1844年（鸦片战争后的两年，龚自珍已去世），才中进士，52岁在江苏东台、兴化任知县，59岁任江苏高邮州知州，64岁去世。他多年在大官僚手下做慕僚，受他们委托，对当时财政、盐务、漕运、水利、外交、军事等方面的问题，作了大量的调查研究并提出解决办法，致力于经世致用之学，这使他和龚自珍一样，对社会危机的严重有深入的了解，因而呼吁改革，认为"变古愈尽，便民愈甚"（《治篇五》）。

　　魏源的性格冷静沉着，在大庭广众之中往往持重寡言，不轻易发表见解；龚自珍则豪放爽朗，不管什么场合都慷慨陈词，言多讽刺。然而性格上的差异并没有影响二人终身的友谊。两家子弟，都彼此用伯叔兄弟相称，而不用姓。两人还约定，谁先过世，另一人就为他编定文集。后来龚自珍先过世，魏源就义不容辞地为他编定了文集，并作序。

　　二人最初相识是嘉庆二十四年（1819年）。当时魏源26岁，从湖南来到北京参加顺天乡试，恰好这时28岁的龚自珍也从上海来北京参加会试，更巧的是二人都在应试的同时向刘逢禄学习《春秋公羊传》，于是成为志趣相投的朋友，且常常彼此邀约聚会，或一起参加其他朋友的聚会。

道光三年（1823年），龚自珍和魏源都参加会试，也都未考取，魏源作《不遇风云终不成》一诗议论此事。在诗中，魏源把自己和龚自珍与刘备、曹操、诸葛亮、司马懿等三国时代叱咤风云的人物进行类比，用刘备虽"百战百败"而曹操赞许他为英雄、诸葛亮虽"六出六岨"而司马懿畏惧他如"卧虎"的历史传说，意味深长地和龚自珍互相激励。他还说，会试失败的原因并不是他们没有"才力"，而是由于条件不成熟，"以时势造英雄"自励，也鼓舞龚自珍不要气馁，等待时机。这年魏源去北口提督杨芳家生馆教学，他去后，龚自珍感到十分寂寞，又对他能有机会出塞一游表示羡慕，并希望他能早日返京，"一话塞上风景"。

道光六年（1826年），龚自珍和魏源都在京参加会试（龚是第五次，魏是第二次）。他们的老师刘逢禄是这次会试的主考官之一，发现其中有两份考卷是"经策奥博"，估计为他们二人所作，便极力推荐，但还是未能录取。为此，刘逢禄作《伤浙江、湖南二遗卷诗》为龚自珍、魏源鸣不平，可见其惋惜之情。因为这二人早就文章出众，呼吁改革，现在又有前辈推荐和赞誉，所以这次虽未考取，却出了名，人们并称"龚魏"就起于此时。

道光六年，魏源在江苏布政使贺长龄处做幕友，协编了一部文集——《皇朝经世文编》。这部书根据有"实用"，能"救时"的原则，选编了自清朝开国到道光初年的一千三百多篇文章，包括学术、治体、吏政、户政、礼政、兵政、刑工、工政八大类。魏源特别注意收集进步思想家的文章，把龚自珍的《平均篇》《乙丙之际箸议》等代表作，也收进了这部丛书，可见他是把龚自珍的作品当作研究社会问题的重要参考资料。

道光九年（1829年）年初，魏源作诗《客怀八首柬龚定庵舍人》，抒写自己和龚自珍的友谊及效力国家的共同抱负。这一年的春天，龚自珍和

我劝天公重抖擞——龚自珍

魏源都参加会试，龚自珍中进士，仍任内阁中书舍人，魏源未考取，但按例花钱捐了个"内阁中书舍人候补"。此后的两三年里，他们利用两人都在藏书丰富的内阁任职的机会，一起研究历代政治制度和西北历史地理。魏源还在道光十年（1830年）作《答友人问西北边域书》，是篇一万多字的长文，力陈开垦边疆、设置行省、经营国防的重要意义，基本精神和龚自珍的《西域置行省议》一致。

道光十一年（1831年）以后，魏源因筹办盐务经营票盐发财，就在扬州新里建筑有种种"竹木池亭之胜"的絜园。道光十九年（1839年），龚自珍辞官南归过扬州与魏源重逢，二人畅论鸦片战争前夕时政，无限悲愤。魏源以所辑《明代食兵二政录》求教，龚自珍为絜园书一楹联赞扬魏源："读万卷书，行万里路；综一代典，成一家言。"自此，二人交往更密，龚在去世的当月，还曾赴絜园并给魏源的侄女题诗留念。

龚魏二人友谊很深，但看到对方有妨碍事业的缺点时，也会坦率提出，进行帮助。例如当魏源受到提倡文词雅洁的桐城派的不良影响时，龚自珍曾为此写信给魏源，极力规劝他不要为琐碎的考证所累，而要眼光远大，用综合百家的研究方法来做学问。又如魏源对龚自珍过于狂放不羁的个性也曾写信劝告，信间言辞恳切。

早在鸦片战争爆发前17年（1823年），龚自珍就洞见英国殖民主义者对中国怀有侵略意思，因此他赞许阮元在两广总督任上时为对付英国殖民主义者而事先做好准备。他尤其憎恶英国商人对中国进行鸦片贸易，称鸦片为"食妖"。在同一年写的《农宗》，提出鸦片不但不准进口，内地也不准种植，种植者要斩首，并没其家族为奴，同平刑杜绝。鸦片战争前4年（1836年），他在《赠太子师兵部尚书两广总督谥敏肃涿州卢公神道碑铭》中说："维海之西，有英吉利，隆鼻高眶。环伺澳门，以窥禹服，十五其櫓"，对英国侵略一直保持高度的警惕。

道光十八年（1838年）十一月，林则徐被任命为钦差大臣，由北京前往广州禁烟，龚自珍知道后便前去拜访，因种种不便，不能畅谈禁烟之事，只好写成文章《送钦差大臣侯官林公序》送给林则徐。文章表达了龚自珍对关系到国家根本利益的禁烟大事的严重关切；从政治、经济和军事等方面为禁烟运动筹划了一套完整的方案，提出了一系列积极建设。包括"三种决定义（决定性的意见，必须办到的事），三种旁义（参考性的意见），三种答难义（驳斥性的意见），一种归墟义（归结性的意见）"。

在第一项"决定义"中，龚自珍认为中国自古以来"食货并重"，即农业和货币同样重要，而根据目前的情况更应重视货币问题。他说"自明初开矿，四百余载，未尝增银一厘"，而每年由于人事和火患约耗银三四千两，何况现在白银外流严重，再不设法制止，国家财政就会因为货币不足而愈加困难。制止白银外流的办法就是严禁鸦片贸易。

在第二项"决定义"中，龚自珍论述了吸食鸦片的危害，应该严禁，对犯禁者处以极刑。

在第三项"决定义"中，龚自珍预计到要坚决禁烟，就须杜绝烟的来源，这必然会引起英国侵略者和中国"奸民"的破坏捣乱，因而要林则徐"此行宜以重兵自随"，准备武装斗争。

三项"旁义"的第一项是在外贸问题上，反对输入鸦片和无益国计民生的奢侈品，这样以保护中国的民族经济。"旁义"的第二项主张维持正当的外贸关系。"旁义"的第三项指出，为准备武装斗争，"火器宜讲求"，要林则徐"多带巧匠，以便修整军器"，巧匠可在京师、广州物色。

龚自珍明白，禁烟运动中一定会有"忌阻"者出来非议，于是他对这些可能有的非议——驳斥。

我劝天公重抖擞
——龚自珍

有的"儒生"可能会非难说：中国自古以来的经济理论是"食急于货"，不必多考虑白银外流的货币问题。那么，可以这样驳斥他"食固第一，货即第二"，并不是说"货"不重要，而是当务之急是禁银出海。

有的海关"关吏"可能会非难说：不进口呢羽钟表之类的贵重品，国家的税收就会减少。那么，可以这样驳斥：可"将关税定额，陆续清减"，而且杜绝奢侈品进口，对于国家是"所损细，所益大"。

有的"迂诞书生"可能会非难说：我们应办事"宽大"，"必毋用兵"。那么，可以这样驳斥：我们为禁烟而用兵，是把侵略者从我们边疆上赶走，根本不是什么"开边衅"，因而必须"取不逞夷人及奸民，就地正典刑"。

龚自珍在驳斥了投降派的论调，伸张了禁烟自卫战争的正义性之后，还忧心忡忡地提醒林则徐，要注意那些"黠猾游说，而貌为老成迂拙"的人出来阻挠禁烟。这种人一旦发现，千万不可手软。

赠序的最后是一项"归墟义"，他希望林则徐把禁烟运动坚持到底，衷心祝愿林则徐取得成绩，并以"两年"为期，期待林则徐完成使命后能出现一个"中国十八行省银价平，物力实，人心定"的大好局面。

禁烟，在当时是一项极为艰巨的任务，内外上下阻力都很大。这些阻力不仅来自牟取暴利的英国侵略者和中外鸦片贩子，也来自清朝从中央到地方借鸦片走私，营私舞弊受益的大小官吏。特别是满族亲贵和嫉妒林则徐声名的有权势人物的暗中破坏中伤，不易提防。当林则徐受命为钦差大臣时，投降派首领，首席军机大臣穆彰阿深为记恨，而林则徐表现出置生死于不顾的凛然气概。所以，在这样严重的历史关头，龚自珍写信给林则徐，是对林则徐精神上很大的支持，有胆识，有魄力。

龚自珍还打算追随林则徐南下，投身禁烟抗英斗争。林则徐对龚自珍的爱国热忱和深切激励十分感动，然而考虑到禁烟斗争的复杂性，他不忍心让龚自珍随自己去赴汤火之役，以"事势有难言者"为由，托别的友人婉言劝阻了龚自珍的广东之行。

林则徐在南下的车轿里仔细研究了龚自珍的意见，并写信答谢龚自珍，称龚自珍"责难陈义之高，非谋识宏远者不能言，而非关注深切者不肯言也"。并表明要毫不妥协地和外国侵略者作斗争。他感谢龚自珍的激励，表示龚自珍对他的鼓励"足坚我心，虽不才，曷敢不勉"！

不久，本来俸禄极微薄的龚自珍又因得罪穆彰阿而被罚俸，生计日益困窘，他为此"肺气横溢"，"呕血半升"。自忖在京师难有作为，遂决计南归。离京时仅雇车两辆，一辆载书一辆自乘。后又北上接还眷属，安置在昆山羽陵山馆。归途中感慨甚多，写下七言绝句315首，将平生身世经历、思想著述、师友交往、旅途见闻一一写入诗中。因这一年是夏历己亥年，便名为《己亥杂诗》。《己亥杂诗》因"九州生气恃风雷"一首而为世人熟知，再录三首，以供读者了解大概。

这首是表现自己真实心境的：

> 浩荡离愁白日斜，吟鞭东指即天涯。
> 落红不是无情物，化作春泥更护花。

这首揭露封建统治者对劳动人民的残酷剥削：

> 不论盐铁不筹河，独倚东南涕泪多。
> 国赋三升民一斗，屠牛哪不胜栽禾？

这首深情怀念林则徐，热望为禁烟斗争出谋划策：

我劝天公重抖擞
——龚自珍

故人横海拜将军，侧立南天未蕆勋。

我有阴符三百字，蜡丸难寄惜雄文。

辞官南归，借梅喻世

道光十九年（1839年）龚自珍48岁时，辞官出都，南下返乡。他只身出都，于八月底到江苏昆山县，修缮拓建其父亲当年置买的"羽陵山馆"别墅。然后再北上，迎回妻子儿女，安顿下来。

龚自珍回到南方后，有一段时间来往于杭州、昆山两地，照顾父亲和家小，还到过苏州、南京、扬州等地。后因家境困难，应聘为江苏丹阳云阳书院讲席，父亲去世后，又兼任父亲原来担任的杭州紫阳书院讲席。

南归途中，南归之后，龚自珍的情绪都相当消沉，过着"颓放无似"的生活，然而仍关心国事，阅读邸报，这从他此间所写《己亥杂诗》和南归后所作《病梅馆记》都可看出。

《病梅馆记》借梅议政，以梅喻人才，控诉封建统治者扼杀人才的罪恶，一吐自己心中的不平之气，同时宣扬自己的个性解放主张。

文章开头说，浙江一地产梅，可"文人画士"欣赏的不是梅自然生长的美，而是梅的病态美。龚自珍借此赏梅趣味，隐射了封建统治者在用人问题上混淆是非、颠倒黑白的罪恶。

文章接着说那些"文人画士"因不便公开自己喜欢梅的病态美的心思，便挖掘卖梅商人求高价的心思，以钱为钓饵，指使卖梅商人体会他们的心思而施虐于梅。文中极写卖梅者摧残梅的种种做法，从而充分揭示了

大清文豪故事

封建统治者肆意扼杀人们个性、摧残人才的罪行，表现了龚自珍在个性人才问题上痛心疾首的感慨。

文章最后写龚自珍的"疗梅"主张，表现了他要求打破个性束缚，解放人才的强烈愿望：

> 预购三百盆，皆病者，无一完者。既泣之三日，乃誓疗之：纵之顺之，毁其盆，悉埋于地，解其棕缚；以五年为期，必复之全之。予本非文人画士，甘受诟厉，辟病梅之馆以贮之。
>
> 呜呼！安得使予多暇日，又多闲田，以广贮江宁、杭州、苏州之病梅，穷予生之光阴以疗梅也哉。

文中可见龚自珍对"病梅"的无限同情，他要设法疗治病梅，态度是积极的。"疗"的方法是使梅获得解放，让梅顺从天性自然成才，即让人才顺着各自的个性自由地发展，不受种种封建条条框框的束缚。文中也显示了龚自珍作为一个改革派启蒙思想家，与封建顽固势力划清界限并与之斗争的斗士气概。

龚自珍辞官南归途中，途经扬州，便住在魏源寓所"絜园"内的秋实轩。轩旁有数株千年梧桐，枝叶繁茂。龚自珍闲暇时喜欢在此树下吟哦诗作。轩内陈设精美，正是他会客谈天的好地方。

扬州的士大夫们此间都来拜访他，有请教经义疑难的，有提问史事的，有询问京师近况的，等等。龚自珍虽然为此应接不暇，但却感到很欣慰，他为扬州城好学术的人如此之多，学风如此之盛而高兴。人们对他的仰慕和朋友对他的友情，使他自辞官以来沉郁的心情变得振奋了一些，他说今后"甄综人物、搜辑文献，仍以自任，固未老也"。

我劝天公重抖擞
——龚自珍

龚自珍在秋实轩接待宾客，谈得兴意浓厚时，往往言辞风发泉涌，有不可一世之意。以致有一次跳到桌子上讲话，而不知何时又把穿的魏源的一双极大的靴子抛到了帐顶上，很久以后离开时，收捡卧具才又发现。

这次在扬州，龚自珍经常出去访友，这些朋友都是学者。如他拜访过阮元，阮元官位显赫，社会地位很高，又是大学者。一般人以俗事求他总是装聋不理睬，可是龚自珍来了，与他讨论学术问题，一谈就是一整天、一晚上。

这次在扬州，龚自珍深感清王朝已趋衰败，再也无法用"太平盛世"的调头来粉饰了。他把这样的感受写了一篇游记，叫《己亥六月重过扬州说》，文中充满了盛衰变迁的感慨。

龚自珍南归之后，最初是和妻子儿女一起住在昆山的羽陵山馆。馆内有龚自珍亲手种下的梅花。时值隆冬，梅花都开了，一株株疏影横斜，暗香浮动，引得龚自珍常在树下流连欣赏。不过，它们不是病梅，而是不受拘束和戕害的生命。

南归以后，龚自珍先后在丹阳和杭州书院讲学。鸦片战争爆发后，他曾给江苏巡抚梁章钜写信，要求赴沪参加抗英斗争。尚未成行，即于1841年9月26日暴死于丹阳云阳书院。时年49岁。

龚自珍一生所著诗文甚多，其中不少已散佚。今人辑《龚自珍全集》，收诗600多首，词100多首，文章300多篇。龚自珍自称"但开风气不为师"，但他的诗文却达到了深刻的思想内涵与高超的艺术形式的统一，不仅开创了一代新风，也使他自己成为一代宗师，成为近代中国维新思想的先驱者。梁启超曾评论说："晚清思想之解放，自珍确与有功焉；光绪间所谓新学家者，大率人人皆经过崇拜龚氏之一时期。初读定庵文集，若受电然。"

他山之石以攻玉

——严复

严复（1854—1921年），原名宗光，字又陵，后改名复，字几道，福建侯官人，曾担任过京师大学堂译局总办、上海复旦公学校长、安庆高等师范学堂校长，清朝学部名辞馆总编辑。他是清末很有影响的资产阶级启蒙思想家、翻译家和教育家，是中国近代史上向西方国家寻找真理的"先进的中国人"之一。

严复指出，自秦以来的历代君主，都是违背生民立君之原意、欺诈敛削、唯我独尊、无恶不作的"大盗窃国者"。不废除君主专制，中国就永远贫弱以至于亡国；富强之道在于"与民共治"。

少年求学

　　严复，初名传初，曾改名宗光，登仕籍时起用"复"字，字又陵，又字几道，晚年号愈懋老人，1854年1月8日（农历癸丑年十二月十日）出生于福建侯官（今闽侯县）阳岐乡，外临大江，惊涛拍岸，浪遏飞舟；中有小溪，碧波荡漾，清澈明净。左右的玉屏山和李家山，树石幽秀，堪称阳岐的天然屏障。花园里的数十株腊梅花，在严寒中，那芬芳的香气，随着微风的吹拂，飘散得很远很远，给阳岐乡平添了几分秀丽。严复就诞生在此地的一座古老的宅院里。

　　严复的祖父是乡间医生。父亲严振先继承祖业，学得一手好医术，在福州南合巷霞州设馆行医，闻名乡里，人称"严半仙"。严振先读书不多，学问也不深，然而教子女读《千字文》《百家姓》《三字经》等封建社会的启蒙读物，还是绰绰有余。

　　严复六岁时，贪玩好动。一次他竟爬上村里凿井架的顶端，若不是母亲及时赶来，恐怕一场灾祸难免发生。他母亲恐其愈演愈烈，便把他送到巷霞州医馆，让丈夫教子读书。两年后，严复读完了《千字文》等启蒙读物，应该读"四书""五经"了，他父亲因无力再教他读书，就把他委托给五弟严厚甫。

　　严厚甫是一位秀才，考举人落第后，就在阳岐乡开馆讲课。严厚甫教严复读《论语》《孟子》《左传》等古书。很快严复就读得滚瓜烂熟，倒背如流，从无漏句丢字。三年后，其父又送他到当地的黄少岩处求学。

黄少岩名宗彝，其所办的"宗彝书馆"就是以他的名字命名的。黄少岩学识渊博，对当时学术界流行的讲究终身养性的"宗学"和专门从事名物训诂考证的"汉学"，兼容并蓄，比较熟悉明、清两朝的历史掌故，尤其对福建方言的研究造诣很深，堪称一代饱学之士。

当严振先把儿子引到位于谷霞州一座古老屋子的阁楼上的"宗彝书馆"时，黄少岩很高兴地收下了严复做他的私塾弟子。

书馆阁楼下是戏班子。戏班子为了演出，经常不分昼夜地排演，搅得阁楼上不得安宁。为了避开干扰，黄少岩在戏班外出演出或休息时，教严复读书，习字和作文；在戏班排练时，让严复休息，或给他讲一些历史故事，以故事来吸引他的注意力。在黄少岩的精心栽培下，严复勤奋攻读秦汉以前的历代名家古文，并练习作文，学识大进。两年后，严复在黄的教育下，由抄写古人的文章到能写短文了。

一天下午，戏班子又排列新剧，黄少岩就给严复讲东林党的故事。黄少岩刚把故事讲完，严复就问那些人为何叫东林党，又问这个组织为何偏偏叫东林党，而不起个别的名称，黄少岩都一一作了详细的讲解。严复弄清了东林党的名称、性质和宗旨后，流露出自己强烈的憎恶情绪。黄少岩看到严复对此如此有兴趣，就继续讲了下去。黄少岩那声情并茂的讲述，使严复深受感染。也增强了他想从历史人物身上吸取精神力量的愿望。

然而不幸的是，黄少岩年迈体衰，感染时瘟，在弥留之际，他将严复托付给儿子黄增来培养。黄增来当时已是拔贡，他很乐意地接受了严复。

真是祸不单行，不久严复的父亲也染上此种疾病，很快离开了人世。严复由此中断了他的私塾生活。

他山之石以攻玉
——严复

考入船政学堂

　　1866年左宗棠因在与太平军作战中屡建战功，为清政府赏识，升任闽浙总督。为镇压太平军他决定在福州马尾筹建造船厂和海军学校，培养海军人才。沈葆桢时任江西巡视，接到办理建厂设校的命令后，立刻走马上任。一上任后船政学堂开始在福建、广东招收青年学员。船政学堂的招生简案中规定的一些优厚条件，如全免学费和伙食费，每月还发四两白银补贴家用，对于家境困难却又渴求知识的严复，具有极大的吸引力。于是，严复毫不犹豫地报了名。

　　家人得知严复的决定后，都很支持他。严复便进入紧张的复习中，准备考试。

　　考试那天，考场气氛是那么隆重、严肃，一拿到考试题《大孝终身慕父母论》后，死去的父亲的身影立刻涌现在他眼前。他很快就写成了一篇符合题目要求的文稿，这是一篇情理并茂的佳品。很快成绩揭晓，严复名列榜首，他马上把喜讯告诉了家里人。

　　1867年1月5日，严复怀着欢喜的心情，告别了家人，正式走上了外出求学之路。

　　到船政学堂后，严复被分配在后堂学习英语、驾驶轮船本领等，从教于英国人。主要功课有：英语、算术、几何、代数、解析几何、平三角、弧三角、代积微等。严复由于受过私塾教育，有较好的中国古代文化知识基础，因此有些课他学起来并不费力。但对于那些自然科学，他从未接触过，学起来颇为费力，于是，他刻苦攻读，丝毫不敢放松，把一点一滴的业余时间全都放在学习上。他后来在《海军大事记》的序中深情地说："回忆当年读英语伊毗的声音，好像与和尚念经一样，历历如在目前。"其努力之状，可见一斑。

虽然当时学堂的校规和考核制度都很严，但严复仍然每门功课都名列优等，受到嘉赏，他把学堂发给的补贴金和领到的奖赏，如数送回家中，以减轻母亲的负担。

1871年，严复在船政学堂的学习快结束了。严复的成绩依旧是优等，他很受沈葆桢的夸奖，沈葆桢鼓励他到军舰上实习，以便做一个名副其实的海军驾驶人才。

1871年，严复从福州船政学堂毕业，先后被派在"建威""扬武"等军舰上实习五年。

正当严复在舰长的指导下学习掌握新军舰的技术时，他接到沈葆桢的命令，去台湾协助调查1871年牡丹社事件，并尽快勘察台湾海岛各海口的情形。

1871年牡丹社事件发生后，清政府已按照法律程序进行了善后处理，可是日本帝国主义者却以此为借口，勾结美国于1874年在恒春强行登陆，挑起战争，我牡丹社高山族人民在阿禄的率领下英勇反抗，双方均损失惨重。严复和实习生们弄清了牡丹社事件和日、美侵略台湾的真相后，各个义愤填膺，决心以牙还牙，打击侵略者。

实习生们按照沈葆桢的指示开始工作。严复首先建议测量台东海口地理形势，免得敌人袭击时没有准备。在测量工作中，严复一马当先，任劳任怨，不辞辛苦。他还运用学过的知识，一面观察地面环境、测量海水流

他山之石以攻玉
——严复

187

量，一面还先定地方"修城筑垒"、停放兵舰。在建港没防的勘察工作大体就绪后，他又深入调查几年前发生的流血事件。

由于语言不通和民族隔阂，调查中出现麻烦。美国人赫博逊差点被误杀，就是一例，这件事后，又经过一个多月的调查，严复和实习生们向沈葆桢上呈了调查报告，顺利地完成了实习任务，并从中受到了一次爱国主义教育。

出国留学，大开眼界

为使海军事业迅速发展起来，尽快提高船政学堂毕业生的理论知识水平和实际操作能力，李鸿章和沈葆桢先后向皇上呈递奏章，请求派遣留学生出国学习。1877年1月，清政府批准了这个报告。船政学堂便立即开始选拔留学生。严复被批准到英国留学。1877年3月31日，严复、林永升等赴英留学的学生，在留学生监督李凤苞的率领下，经过两个月的海上航行，才抵达英国。

严复来到伦敦留学，学到了中国人所陌生的文化知识。他先入英国朴茨茅斯大学，学英语、天文学和驾驶技术，后进格林威治海军大学学习。别人都到军舰上实习，而严复却始终在学校学习。学习情况的不同，给严复创造了吸收更多西方文化知识的条件。

那时，伦敦大学随处可见达尔文、孟德斯鸠等一批杰出思想家和科学家的著作，也随处可听到人们谈论那些科学家和思想家的故事。严复就生活在这种学术风气浓厚的氛围中，他和其他人一样狂热地阅读达尔文、赫胥黎等人的著作。骇于李凤苞，他只是在学习专业知识外，偷偷地学习一些社会政治思想方面的知识。

严复还喜欢上街闲逛，领略伦敦的社会面貌。一天，当他偶尔听了一起案件的审理过程时，他的思想受到了强烈的冲击。西方的社会科学思想，英国的社会政治改革，使青年严复对社会、政治问题愈来愈感兴趣。他经常向当时驻英国的公使郭嵩焘讨教，他已开始思考中国的社会问题和政治问题了。

在留学期间，严复一边学习，一边将知识、理论，融会贯通。写成文章如《牛顿传》《论法》等，题材新颖，立论不凡，受到当时清政府驻英、法使臣曾纪泽的好评。但他没有骄傲，他继续利用课余时间阅读西方思想家的著作，决心进一步扩大探求新知识的领域。

经过两年系统学习，严复于1879年6月毕业回国，在母校福州船政学堂任教。

回到福州马尾船政学堂任教员后，他改名复，字几道。就在此时，一直苦心栽培和提拔他的沈葆桢逝世了，这对他是一次沉重的打击，而沈葆桢生前经营起来的南洋海军事业，又完全落入北洋海军头子李鸿章的手中。他只有靠自己去闯开一条路了。

满腹才学，无处施展

他山之石以攻玉
——严复

1880年，严复被李鸿章调到天津担任北洋水师学堂的总教习（教务长）管理教学工作。在这样的环境里工作，对于从英国学海军专业归来的严复来说，可以一展平生所学了，但他有着比建立一支海军更为远大的志向和抱负。他清醒地看到，世界局势的动荡威胁着中国的存亡。单凭建立一支海军，是不可能拯救国家的。因此，他名义上是教务长，时刻想着的却是如何拯救国家。李鸿章耳闻他逢人便议论日本侵略琉球的事，生怕他招惹是非，便躲避他，疏远他，以致在工作上给他制造困难。

于是，严复处于一种痛苦的迷惘和彷徨中，苦于才能无处施展。他明白，要想有所作为，必须当官，掌握实权。他便写信向堂弟倾吐积压在心底的郁闷情绪。有时他也曾想过拂袖归乡，过几天清闲日子。他堂弟很理解他的心情，建议他多和李鸿章接近，或许事情会有转机。

万般无奈之下，严复试着按他堂弟的意见主动接近李鸿章。后来事情果然出现转机，李鸿章呈清朝政府奖励了他。1889年，他被提升为副校长。第二年又任校长。严复不懂阿谀逢迎，也讨厌这种做法，现在连续受奖励，受提升，见堂弟的意见起了作用，反而觉得着实奇怪。

道不同不相与谋，严复和李鸿章关系也就到此为止。严复满怀报国之志，却报国无门，终于上了鸦片烟瘾，来自我麻醉、自我摧残。

既然在李鸿章权势的控制下无法施展才能，实现振兴中华的心愿，严复只有另找出路。他曾与王绶云合作投资兴办河南兴武县的煤矿，振兴工商，从兴办实业着手，实行实业救国。然而，杯水车薪，终难扭转大局。他又听说张之洞对他印象很好，就想投奔张之洞，但终因与张之洞无深交而不敢贸然前往。

在内心苦闷难以排解时，他又悔恨自己当年错进了洋学堂，耽误了前程。严酷的现实告诉他：如果不通过科举取得功名，就不能当官，不当官就无实权，就无法实现自己的抱负。为了报国有门、为了做官，他决定走科举的道路。1885年、1888年、1889年和1894年，他先后参加了福建的

大清文豪故事

两次乡试，北京的两次顺开乡试，结果都名落孙山。因为他学的是新式学问，对经史诗赋这套旧学问用力不多，自然不是那么擅长，所以，用旧标准来衡量他，他自然处于劣势。

严复的心里难过极了。难道学到的那些"西学"真的毫无用处吗？他又陷入了沉思和痛苦之中。

呼吁变法

1894年，日本帝国主义发动了侵略我国的甲午战争。

当年9月，严复正在福州参加举人考试，东北前线的战讯传来后，他从原先的迷惘和彷徨中惊醒起来。他不能再沉默了。然而，像他这样一个普普通通的北洋水师学堂校长，根本没机会见皇上，就是呈上奏章，皇上恐怕也不会理睬。经过一番认真的考虑，他决定给陈宝琛写信，请他转呈奏章。

陈宝琛是福建闽县人，与严复算是同乡，再说他是进士，担任过内阁学士和礼部侍郎等职，有相当权威。他自己也敢于言事，富有正义感。1894年9月上旬，严复向他发出了第一封信。严复指出甲午之战中国失败，其根源在于用人不当和缺乏弹药，他还恳请陈劝说当时身任湖广总督的张之洞，让他筹措款项，购置弹药。领兵上阵，击退日本侵略者。

但是，严复想得太天真了。陈宝琛本人深受敢于直言之苦，不敢再冒风险去动李鸿章一根毫毛。结果，严复的第一封信杳如黄鹤。

一个月过去了，东北前线的局势变得更坏了。日本占领了东北的许多

他山之石以攻玉
——严复

191

地区，还扬言占领东北。形势危急，有人提出意见：向外国借款，从外国招募一批军官，购买大批枪炮。严复有自己的看法，他认为这种意见表面看来有一定道理，但不能从根本上解决问题。他批驳了这种依靠外国力量抗日的主张，又驳斥了投降派的错误思想。

严复分析了甲午战争失利的原因后，又把希望寄托在另一个当权派张之洞的身上。

中日甲午战争愈演愈烈，严复心中的愤慨也越来越大。他依然在11月中旬向陈宝琛发出了第二封信。这封信言辞激烈，干脆指责批评李鸿章，他指出中国所以衰弱，原因是不重视有才能的人。严复所说重视有才能的人到底是什么样的人呢？他在给长子的信中说，中国志向必须改变思想和改变制度，向外国寻找真理。

从甲午战争之后，严复决心投入向外国寻找真理的宣传工作中。

就在严复写信批评李鸿章的时候，北京的一些名流学者，如张謇、文廷式等人，也联名上书光绪帝，批评李鸿章。严复由此看到，中国还是一个有希望的国家。只有唤起全国人民的觉醒，共同来关心国家的危亡，改变中国的旧面貌，才能振兴中华。他陷入了深深的思索中。

1894年11月以后，他每天端坐书房，读书看报，思考解决中国的危机和出路问题，哪怕是在冰天雪地的冬天，他也从未间断过。几个月过去了，严复从西方资产阶级学者的著作中找到了一条规律，这就是人类社会在发展前进。他决定写一篇文章来宣传这种思想。

1895年新春伊始，严复的《论世变亡亟》脱稿。他在文章里将清政府日益衰落、人们生活悲惨的原因归于那些掌握实权的封建顽固派，他大胆地将此文送到了《直报》。1895年2月4日和5日，《直报》连续刊登了严复的第一篇文章。

严复大受鼓舞。他的第一篇文章只提出了中国落后挨打的原因，并没有提到改变落后面貌的措施。因此，他一边继续阅读资产阶级学者的著作，一边思考中国的现实问题。几天后，他的第二篇题为《原强》的文章问世了。在《原强》里，他提出要用"鼓民力、开民智、新民德"来改造中华，振兴中华，其主旨就是提倡"民主"和"科学"。

3月4日到9日，《直报》又连续刊登了《原强》。严复认真阅读完《直报》后，发现对"新民德"这个问题没有说透。于是他又以《辟韩》为题，写成了第三篇文章，此文的中心思想是"尊民叛君"，严复敢于公开和最高统治者唱对台戏，这需要胆量和魄力，更需要有爱国爱民的热忱。

竭力提倡西方的社会制度和政治制度，这是严复的一大特点。在《马关条约》签订之时，他气愤难忍，他决不能再袖手旁观了。他决定写一篇专文，来制造反对《马关条约》的舆论，阻止条约的签订。由于他对甲午之战早有成见，因此一提笔便文如泉涌，一篇题为《原强续篇》的专文很快就写成了。文章自始至终反对投降卖国，还警告清政府不要逆历史潮流而一意孤行。

此文虽然发表在条约签订之前，但条约最终还是签订了，严复气愤之至，但无可奈何。

过了一段时间，他的心情稍稍平静下来，又继续写文章，宣传西方资产阶级学者的思想。其中《救亡决论》坚决主张向西方学习。他的文章态度坚定、观点鲜明地宣传了西方的民主和科学思想，表达了改革中国的政治和文化的愿望。从此，西方的民主和科学就成了中国近代史上最先进的思想观念，并且对"五四"新文化运动产生了影响。严复也不再单纯是一个天津北洋水师学堂的校长，他已跨进了近代启蒙思想家的行列了。

他山之石以攻玉——严复

193

严复在《直报》发表了一组宣传维新变法的政论后，又静下心来阅读赫胥黎和斯宾塞的作品，并动手翻译，以便进一步开展开通民智、振兴中华的宣传工作。可是此时，"公车上书"发生了。

为推动变法维新运动，以便制造舆论，进行宣传鼓动，1896年春夏之交，康有为、梁启超、黄遵宪、汪康年等经过艰苦努力，终于使《时务报》在上海诞生了。《时务报》刚开始出版发行，黄遵宪便四处奔走，为它筹集资金，推销发行。

黄遵宪首先到天津拜访严复。虽然两人是初次见面，但以前相互有所了解，因此并不感到陌生，黄遵宪说明来意后，严复当即表示支持。严复看完黄遵宪临走时赠送的《时务报》后，觉得它是一份很适合时代潮流的刊物。他立刻给康、梁写信，并汇上百元，以示支持。这件事还在1896年10月7日出版的《时务报》上，以《本报告白》被报道。

梁启超担任《时务报》主编，经常向严复约稿。严复便将自己翻译的赫胥黎《天演论》手稿寄至上海，又附上发表过的《辟韩》，请他斟酌，可否转载，梁收到《天演论》译稿，如获至宝，很快就根据《天演论》写了变法自强的政论，又准备转载《辟韩》。他又发现《原强》同样很精彩，为转载一事征求严复的意见。严复决定先将《原强》修改一下。

梁启超等了一段时间，没收到《原强》，以"饮冰室主人"的署名先转载了《辟韩》，这篇文章提倡民主思想，和谭嗣同不谋而合，因此，得到他的热烈赞叹，以致他向汪康年打听《辟韩》作者的真实姓名。

《辟韩》唱出了时代的最强音，代表了当时维新派思想的最高水平。但张之洞看后却气得要命。他想写文章批驳，可又不敢公开出面。张之洞软硬兼施，找屠仁守来按他的意思写反击文章，屠仁守迫于张之洞的权势，只得同意。

几天之后，一篇由张之洞口授，屠仁守笔录，署名屠仁守的《辩辟韩书》炮制成了。

此书既骂《时务报》转载严复的文章，又骂《辟韩》是根据西方资产阶级学者的思想，是个人的主观看法写成的。咄咄逼人，恨不得一棍子把《辟韩》打死。

《辩辟韩书》寄到《时务报》后，迫于张之洞的压力，从《时务报》今后发展的全局出发，梁启超只好予以发表，将其发表在当年出版的第三十期《时务报》上。

严复读《辩辟韩书》后，觉得此文来头不小。打听清楚这篇文章的背景后，他有点惊愕了。他左思右想，觉得此事必须想办法疏通一下。于是他搬动了郑孝胥，让郑出面为他求情，才平息了张之洞的怒气，平息了这场风波。

风波平静下来后，严复虽然还心有余悸，但蕴藏在他心底深处的爱国思想并没有稍减。

《马关条约》签订后，帝国主义列强掀起了瓜分中国的狂潮，中华民族面临亡国灭种的危机。一种深重的民族危亡感时时涌上严复的心头，使他那股拳拳爱国之情更加浓烈了。他想，在如此动荡的形势下，只有边翻译一些著作边发表，这样才能够立竿见影。但考虑到发表译著需要有刊物，而目前能发表译著的刊物不多，不如自己有个刊物方便。而且在一定程度上，维新运动大都集中在长江以南，发展并不平衡。一种强烈的"天下兴亡，匹夫有责"的民族自尊心和爱国思想，驱使他产生了一个大胆的念头：在京、津及华北地区办一份报纸。

然而，在当时封建思想和文化势力还相当深厚，局势动荡的情况下办刊物，谈何容易？凭个人的力量是难以办成的，必须联络一些思想开明、

他山之石以攻玉
——严复

志趣相投的合作者。可是许多胸有文才的知识分子，还是眼界不开，思想保守。严复又犯难了，发愁了。

后来，"公车上书"一事启发了他。经过再三考虑，严复决定选择王修植、夏曾佑、杭辛斋。严复选择他们是因为这三个人在当时的知识分子中，都接触过一点新知识，接受过一点新思想，如果能得到他们的支持，在天津创办一种报纸的愿望很快就可以实现。

经过再三恳请，王、夏、杭三人，终于没有一个推辞。杭辛斋当时决定以他家为商讨办报问题的地点，严复激动不已。

约定聚会的那天，杭辛斋作为主人热情地接待了他们，由于都有共同的愿望，经过认真的商量，很快就确定了报纸的方向、报社的地址、碰头研究问题的场所、编排的分工与合作。同年10月，由严复发起创办的《国闻报》，在天津和民众见面了。

《国闻报》初始分日刊和旬刊两种。日刊《国闻报》，着重登载谕旨、京津及华北地区的新闻和论说，针对一般群众，由王、杭负责编排。旬刊《国闻汇编》，主要刊登翻译、论说和重要的时事新闻，供给文化水平较高的人阅读，由严复编排。严复翻译的《天演论》和《群学肄言》的部分译文，就刊登在《国闻汇编》上。由于人力和物力的限制，《国闻汇编》出到第六期就停刊了，只有《国闻报》继续出版。

他们在编辑工作上虽有分工，可严复是发起人，出力最多，又精通英语，了解世界大势，在《国闻报》出版前发表过几篇很有分量的政论，因此他成了大家公认的主编。《国闻报》创刊时，类似发刊词的《国闻报缘起》和《天津国闻报馆启》都出自他的手笔。

《国闻报》一和群众见面，就公开宣布它的目的是沟通政府和群众的联系，兴利除弊；沟通中外的联系，开眼看世界，吸取西方资产阶级国家繁荣富强的经验，使中国走上独立自主、文明富裕的道路。

《国闻报》始终围绕上述方针编排新闻论说。《国闻报》创刊时，恰逢德国强占胶州湾，严复抑制不住心中的怒火，写了《论胶州章镇高元让地事》和《论胶州知州某君》，用酣畅淋漓的文笔，严厉谴责了胶州湾文武官员怯懦卑鄙的奴颜媚骨。可德国这一野蛮行为，居然有人明目张胆地替它辩护，它就是英国这个老牌资本主义国家的喉舌——《泰晤士报》。严复看后，拍案而起，一气呵成《驳英泰晤士报论德据胶州事》一文，驳斥了这家报纸故意颠倒是非的错误论调，明确指出德占胶州湾是一种不折不扣的"盗贼行为"。

严复反对外国对中国的侵略，并不是不提倡向外国学习。他在《道学外传》中将清末典型的迂腐的知识分子形象描绘得淋漓尽致，毫不客气地对他们进行了无情的讽刺和批驳。他认为这些沿着科举考试的台阶，一步一步爬上来的达官贵人，毫无国家观念和民族感情。长此以往，中国非亡国不可。处在当今世界激烈变革的时代，必须抛去那些毫无实际意义的学问。提倡西学，才能变法图强。严复提倡民主和科学，并用它们来开通民智，就像一条红线贯穿在他这个时期的文章中。

《国闻报》创刊后，在严复和夏曾佑的主持下，紧密地和康有为、梁启超等领导的资产阶级维新运动配合，报道了大量的变法维新的消息。1898年4月，保国会建立，同时召开大会，进行活动，封建顽固派对此怕得要命，横加阻挠。《国闻报》得知消息，在5月7日刊登了保国会的章程。5月14日发表了参加保国会的签名单。从19日以后的一段时间里，一连串发表了康有为和梁启超在保国会上的演说，刊发了两篇评论保国会的专文，肯定了保国会，反击了顽固派对保国会的攻击。在百日维新时期，《国闻报》积极主动地报道了变法维新活动，为变法维新做了舆论宣传，

他山之石以攻玉
——严复

严复作为《国闻报》的创始人和主编，在宣传变法维新运动的工作中起了举足轻重的作用。

严复始终不以主编自居，他本人在《国闻报》上发表的许多持之有故、言之成理的政论，也从未署真实的姓名。谁也不知道那些针砭时弊、慷慨激昂的文章出自何人手笔。

《国闻报》从创刊以来，一直旗帜鲜明地宣传变法维新，当然也就成了封建顽固势力严密监视和蓄意破坏的目标。变法维新运动发展越迅猛，遭到的反扑也就会越猛烈。严复为了保存力量，就在报上登了一则告白，声称《国闻报》销路不好，亏损严重，从即日起转卖给日本人，由西村傅接办。这样，表面上此报的经理是西村傅，报上日期也用的是日本"明治"年号，实际上这是严复等人使用的金蝉脱壳之计。他们照旧写文章、编报纸，大力宣传维新思想，甚至还动用了天津北洋水师学堂的学员，让他们翻译外国报纸上的重要时事新闻，供《国闻报》采纳，扩大向外国学习的宣传报道。

但是严复等人步步小心、处处设防，仍没有躲过顽固势力的迫害。1898年5月，李盛锋向光绪呈了一道奏折，他说，严复作为《国闻报》的主编，将报馆卖给日本人，却又让北洋水师学堂的学员仍然担任编译员，请求严加查办。李盛锋原以为借此就可把严复等定个勾结外贼的罪名，治他们几年徒刑。谁知光绪将信将疑，命令直隶总督王文昭彻底调查此事。王文昭接到指示后，就派津海关道李岷探亲自调查。李岷探经过了解，认为《国闻报》刊登的告白，完全属实，王文昭根据李的调查，向光绪奏明："经详细了解，严复被告发事，查无实据，并已通知严复及水师学堂学员，今后不得在《国闻报》发表文章。"光绪也没有再追究。但严复却因为李盛锋的诬告陷害经受了一场虚惊。

这一场虚惊没有使严复裹足不前，他清楚知道，只有经得起艰难困苦的重重考验，才能锻炼成钢。他仍如以往一样主持《国闻报》的编辑业务，鼓吹社会政治的改革。

严复的文章，随着维新运动的向前推进，越来越显示它们的政治作用和社会影响，尤其是他在1898年1月27日至2月4日的《国闻报》上连续发表的《拟上皇帝书》，提出"穷则变，变则通，通则久"的改革主张，供光绪皇帝参考。居然和同年4月23日光绪的《定国是诏》的内容有许多共同之处。这不是一种偶然的巧合，而是谋求改革的人们的共同认识。这是光绪召见严复的原因。

围绕在光绪周围的维新派人士建议光绪选拔推行新政人才设立经济特科，光绪采纳了这个意见，并把它写进《定国是诏》中，接着，顺天府尹和詹事府詹事王锡蕃等大官，先后上书光绪，推荐严复参加经济特科考试。王锡蕃在推荐书的案语中，介绍了严复的经历、特长和人品学问。他在推荐书中说严复人品卓绝，学问超群，是当今通达时务的难得人才，应该"量才录用"。光绪从掌握实权后，便开始推行新政，对那些思想开明，锐意改革的"时务人才"，就比较留心注意。严复在天津主编《国闻报》，宣传向外国学习，进行社会改革，现在几个大官又推荐他，更引起了光绪对严复的格外注意。看过王锡蕃的推荐书后，他觉得此人不同寻常，传令下去，叫严复来京见他。

人们弄不清光绪召见严复的意图，严复接到谕旨后，怀着惶惶不安、又惊又喜的心情，于1898年9月上旬的一天，乘火车抵京，准备接受光绪的召见。

当严复在宫内官员的带领下来到乾清宫，向光绪"万岁万岁万万岁"地请过安后，光绪就问道："本年夏季，有人告发你在天津《国闻报》当

他山之石以攻玉
——严复

主笔，其中的议论文章都是你亲笔写的吗？"

严复一听，心里就乱了分寸，但他稍稍调整了一下烦乱的心绪，很快镇定下来，回答说："臣非该报主编，不过经常写点文章，交给它发表而已。"后来光绪不再追问他是不是主编，而是想了解严复写过的几篇得意的文章，于是严复便说出了在《国闻报》连续六七天刊登的《拟上皇帝书》。光绪就叫他重抄一份送来，严复解释说："臣当时是希望皇上变法自强，提出了许多供您参考的意见，如今皇上圣明，已下了《定国是诏》，许多问题已开始实行，臣之言论，已没有多大价值了。"光绪便叫严复把主要内容告诉他。

严复顿时高兴起来，觉得光绪的确是真心诚意要变法自强，顺口把《拟上皇帝书》中的治标四策（整顿经济、训练军队、与友好国家建立外交关系、和邻国搞好关系）和治本四策（确定国家的政治体制、培养时务人才、体察民情、建立良好的社会风气）滔滔不绝地说了一遍，然后又引用司马迁的话说："穷则变，变则通，通则久。"

光绪听后感慨万端，对严复说："我们中国守旧的人太多，像你这样提倡变革的人太少了。"

严复深受感动和鼓舞。他想：皇上对变法如此热心，对自己如此重视，我怎能不竭尽全力，利用报刊和讲坛，宣传维新变法。

严复被光绪召见时，住在通艺学堂。通艺学堂是清政府刑部主事张元济亲自创办的一所提倡西学、培养维新人才的学校。

中日战争失败后，张元济深受刺激，经常和文廷式、陈炽、沈曾植等，在北京宣武门外陶然亭聚会，议论时政，畅谈变法。1896年后维新思潮像潮水一样汹涌澎湃地发展，更激起了张元济提倡西学和变更时政的热情。他联合几名官员，请求各省捐款赞助，在北京宣武门象坊街租赁房子，作为校舍，准备开办培养新学人才的学堂。

严复得到消息后，立即举双手赞成，并主动协助张元济进行工作。他为学堂起名为"通艺学堂"，又帮忙物色称职的教员。

通艺学堂开办后，所学功课主要是英文、物理、化学、数学等自然科学知识。为了配合教学，学堂还购置了不少外文书籍和实验仪器。供教师和学生使用。学生的来源，一部分是社会名流学者，一部分是清政府官员中具有维新思想的人。通艺学堂从创办以来，名闻京津，深受维新人士的称赞。

张元济在供职期间，经常把一些新书新报送给光绪阅览。自然，他亲手创办的通艺学堂，也就为光绪所知晓。

1898年5月，光绪在西苑勤政殿召见了张元济。张元济将学堂情况详详细细地向光绪作了汇报。光绪听了汇报，十分满意，鼓励他把学堂办好，培养出一批维新人才，并要他转告学生，好好学习，为推行新政效力。

光绪召见张元济的消息传到通艺学堂，学生们欢欣鼓舞，希望能请到一些名流学者开设讲座，增长知识，扩大见闻，最后他们决定在1898年请严复到学堂作两次学术演讲。他们先后向严复发出了两封请帖。学生们多么渴望严复能来学堂向他们讲一点西学科学知识啊！

严复留宿学堂，学生们闻讯后直奔他的住处。严复知道学生们的来意，起初婉言谢绝。在学生们的苦苦恳求下，特别是在张元济的热情邀请和鼓励下，才欣然答应。

严复在通艺学堂公开讲演的日期确定下来了，学生们奔走相告。讲演的那天，校园里一片沸腾。前来听讲的既有教员和学生，也有一些思想开通的官员。通艺学堂的大讲堂里，座无虚席，连人行通道处也站满了听讲的人。人们都想亲眼看看这位思想家的风采，亲耳听听这位学贯中西的学

他山之石以攻玉
——严复

201

者的高见。

在张元济的陪同下，在一阵雷鸣般的欢迎掌声中，严复开始讲演了，他讲的题目是《西学门径功用》。他说：西学包括两大类，一类是哲学和社会科学，另一类是自然科学。

他讲完了这一段点明讲演内容、类似开场白的话后，略作停顿，便讲开了自然科学的功用。他从西方科学的剖析入学，指出数、理、化等成为专门知识，都是从长期的实验中得到的，也可以说，它们是无字立书。他说：我们读书，第一要读无字之书，注意对事物的观察和实验，我们向西方学习，首先是学自然科学知识。学了这些知识，生产才会发展起来。生产发展了，经济繁荣了，国家才会富强起来。但是，在我们中国，人们长期不学这些知识，而是埋头于古人用文字记载下来的学问。越钻书本，越脱离社会实际，更谈不到发展生产了，因而和西方国家相比，在各方面显得非常落后，我们要改变这个落后的面貌，就要向西方学习，学习他们发展生产的科学知识，使我们的国家也富强起来。

讲演完毕，讲堂里又响起了一阵热烈的掌声。人们边走边谈，感触很深，都对严复的演讲给予高度的评价。

几天后，天津《国闻报》报道了严复在通艺学堂讲演的消息，并全文刊登了他的演讲。

就在严复继续缮写《拟上皇帝书》的时候，北京、天津附近的军队岗哨林立，形势紧张起来。

1898年6月11日光绪正式宣布变法维新以后，以慈禧太后为首的封建顽固势力竭力阻挠和破坏变法维新。

封建顽固派经过多次密谋，决定借天津阅兵的机会，实行政变，废除光绪，扼杀变法维新。严复听到封建顽固派的"阅兵废帝"的阴谋后，连

《拟上皇帝书》也抄不下去了，连忙收拾好东西，急匆匆地回到了天津。

严复觉得形势紧张，大祸临头，暂时躲避一下，要比北京方便安全得多。回到天津后，他无心做别的事。天天打听军队的行动，以便从中分析形势的变化。后来他从一位朋友那里得知光绪已向康有为等下了火速解围的密令，才稍稍放松了一下，但事情还在进展，还看不出结果。

果然，康有为等人接到光绪的秘密指示后，派人面请袁世凯，要求杀荣禄而救皇上。但袁世凯告密，东窗事发，荣禄和慈禧太后立即调动早已布置好的军队，发动政变，当年9月21日，光绪帝被幽禁在西苑瀛台，维新派被捕被杀，北京城里充满了白色恐怖的气氛。

几天后，康、梁在外国人的保护下逃亡到国外。谭嗣同等"戊戌六君子"在宣武门外菜市口慷慨就义，血染京华大地，张元济等被革职。变法维新运动就这样被封建顽固派镇压下去了。

翻译《天演论》

严复翻译的《天演论》由湖北沔阳卢氏慎始基斋和福建侯官嗜奇精舍出版了，《天演论》的出版，使他多少得到一点安慰，也激发了他从翻译西方资产阶级学术著作方面开辟一条道路的热情。从1898年到1911年，他先后翻译了赫胥黎的《天演论》、亚当·斯密的《原富》、甄克斯的《社会通诠》、孟德斯鸠的《话意》、约翰·穆勒的《名学》及耶劳斯的《名学浅说》等八种，合成《严译名著丛刊》。

严复的翻译，从始至终态度严肃，一丝不苟，鲁迅称赞他"认真地译

他山之石以攻玉
——严复

过几部鬼子的书"。1895年他开始翻译英国赫胥黎的《天演论》，他的长子严璩回忆说，这部书几个月就翻译完了，但译完后没有立刻出版，那是因为他翻译外国著作的目的，主要是让人们从中获得知识，受到教育，而不是追时髦，更不是换取钞票。出于这种目的，他的《天演论》译完后，梁启超和卢木斋劝他早日付印出版，他婉言谢绝了。

他对《天演论》进行了认真的修改。1896年5月下旬，他把《天演论》"导言"部分修改完毕，同年7月底，他又把《天演论》"论"的那部分修改完毕。这并不是定稿，他还将稿件送给桐城派古文末期的著名文人吴汝纶审阅。

吴汝纶从头到尾读了《天演论》后，大为赞赏，他写给严复的信中说："拜读大作《天演论》，我那种高兴劲儿如同三国时的刘备得到荆州一样，真是无法形容。"他又说："中国自从翻译西方国家的著作以来，还没有人译过像《天演论》这样的鸿篇巨著，中国的翻译从来还没有你这样的雄健的文笔。"吴既肯定严复选择翻译《天演论》的眼力，同时也提出了不少修改的意见。严复觉得他提的意见非常好，就按照他的意见认真修改了一番。《天演论》手稿上用各种不同色的笔画了标记，并写有批语，都是严复自己修改或请别人审阅时留下的墨迹。

严复在翻译上是煞费苦心的，他翻译《天演论》的"导言"这个名词时，起初认为译成"后盲"显得太滥，但改为"悬讲"不知是否合适，就去请教吴汝纶，最后以他的意见改为"导言"。

严复翻译《天演论》是如此虚心听取别人的意见，认真修改，翻译《原富》等几部名著，也是一样，所以，当时的学术界非常推崇严复的翻译。然而，人们在赞美严复翻译的同时，往往会把林纾也拉上，夸奖他们是翻译界的两颗明星。有一次，康有为因为感谢林纾画了一幅"万木草堂图",就写诗说:"译才并古世数严林。"这本是恭维他们的才华和翻译上的贡献,可却惹得严、林二人都不高兴。因为严复懂英语,能直接翻译,而林纾却不懂英语,完全是靠口译者的叙述来笔录,严复觉得自己才是真的译家;林纾擅长古文,翻译不能代表他的才华。因此二人的辩白固然有点文人相轻之意,但亦未尝没有道理。

严复认为办什么事都要调查研究,做到知己知彼,方能获得成功,翻译也一样,动手之前,看看别人的译作,可以吸取经验,避免走弯路。从江南制造局翻译馆译出的西方文化科学书籍中,他发现许多翻译出现错误或不当。从朋友那儿得知当时流行的《万国公法》《富国论》《富国策》等也是胡编乱译,他更是感到困惑。

他发现《昌言报》第一期上刊登的斯宾塞《进说》中许多文字和原文出入很大。这时他才明白,当时的翻译,不论是两人合译,还是一人独译,错误都很严重。用什么办法来改变这种混乱情况呢?最初,他想得很简单,认为这是一个态度问题。所以,在《国闻报》上,他写了一篇题为《译才之难》的文章,指出《昌言报》上那篇译文的错误,提醒人们要以此为戒。但这样并不能从根本上扭转这种风气。经过苦苦思索,他通过对《天演论》翻译的实践,找到了解决翻译问题的办法,即建立翻译原则。

这个原则只有三个字:信、达、雅。信,是忠实,要求翻译必须忠实于原著;达,是要求翻译的文字必须通顺流畅;雅,是雅言,要求翻译的语言一定是大家都使用的语言。以此,信、达、雅就成了翻译的原则。

信、达、雅,不是孤立的,而是互相联系的。严复既然提出了这个原则,他自己的翻译是否做到了呢?他也是边实践、边摸索,尽可能做到信、达、雅的统一。他在翻译实践中感到:西方国家的语法句法在许多地方和汉语不同,如果按照句子构造来翻译,很难做到通顺畅达;反之,按

他山之石以攻玉
——严复

照汉语的句子结构来翻译，自然符合中国人的语言习惯，又恐不能忠实地表达出原著的精神。他左思右想，决定翻译时，先掌握全书的内容，将全书内容融会贯通，消化吸收，在不违背原著精神的前提下，用汉语的习惯来翻译。他的名作《天演论》就是用这种方法翻译的。结果，《天演论》翻译出来后，语言很流畅，可在一定程度上又与忠实于原著发生了矛盾。吴汝纶看了《天演论》的译稿，一眼就看出了这个缺点，希望他努力改正。他对《天演论》的译稿提出了一些批评和建议，严复欣然接受，并在《译例言》中郑重声明这部书不是对原作的忠实翻译，希望读者不要学他那种译法。严复在摸索信、达、雅三者统一上走了一段弯路，但却能自我批评，那就意味着他要在翻译实践中不断改进。

从1897年到1902年断断续续译完的《原富》就和《天演论》不同了。《原富》是英国经济学家亚当·斯密的经典著作。原著理论深奥，思维缜密，笔法严谨。面对这样一部博大精深的学术著作，严复吸取了翻译《天演论》的经验教训，接受吴汝纶的批评建议，努力向忠实于原作的道路上迈步。在正式翻译时，他完全遵照原作，对一些专有名词、术语，也都一一保留，接着，他又翻译英国哲学家斯宾塞的《群学肄言》和思想家约翰·穆勒的《群己权界论》。这两部书和《原富》一样，也是直译的。他又声明自己不敢不忠实于原作，采取直译的方法，就可以保持原作的风貌，他不是有意将《群己权界论》译得那么深奥难懂的。

严复创建了翻译的理论原则，在翻译实践中又按照这个原则进行过探索。因而，他所创立的翻译原则和在实践中的探索精神，对后人的翻译产生了很大影响。

1929年到1931年，中国文化界掀起了一股翻译文艺作品的潮流。如何翻译的问题自然也就成为人们争论的热门话题。从历史上看，还没有形成理论体系，近代的翻译事业也很兴旺。如林纾就翻译了许多外国的文学名著，但在理论上却毫无建树。只有严复是近代第一个提出翻译理论的人。而且他本人就是一个卓有成就的翻译家。所以，当时文化界有些人翻译时就是按照"信、达、雅"来进行的。但有些人却不同意这主张。于是，一场争论就掀起来了。争论的焦点是：承认不承认"信、达、雅"。围绕这焦点，有人主张讲究一个"信"字。有人却反对，说"与其信而不顺，不如顺而不信"。有人还主张用大众的口语翻译，批评严复以一个"雅"字把"信、达"都勾销了。尽管如此，但实际上争论的双方并没有离开严复提出的"信、达、雅"的范围，这时，新文化的旗手鲁迅勇敢地站出来讲话了。他总体上是赞成和肯定严复提出的"信"的翻译原则的。他认为既要坚持忠实于原作，又要文从字顺，确实不容易做到，但又必须做到，关于这一点，鲁迅说得好：因为它"原是译鬼子（指外国作品），当然谁也看不惯，为比较的顺眼起见只能更换他的衣裳，却不能削低他的鼻子，剜掉他的眼睛"。鲁迅对严复的翻译也提出过批评，不过他对严复在探讨信、达、雅上所下的工夫是很肯定的，不同意有人抓住"雅"字不放，连信、达也全部否定。直到现在，严复提出的翻译原则仍是衡量翻译好坏的准则。

《天演论》不是原著的书名，而是严复自定的书名，原著的题目是"进化论与伦理学及其他论文"，是赫胥黎将达尔文1893年在英国牛津大学罗曼尼斯讲座上演讲的两个讲题进行整理后，又将他的其他三篇论文合在一起，并写了"导论"，从而编辑成书的。

那么，《天演论》的基本内容是什么呢？用严复的话来说：按达尔文的进化论观点，生物的演变发展，自古以来就存在"物竞天择"和"适者生存"的自然规律。

他山之石以攻玉
——严复

207

生物发展演变的这种规律，是不是也适用于人类社会呢？赫胥黎认为：人不同于动物，自然界不同于人类社会，伦理学不同于天演进化，所以，生物发展演变的"物竞天择"和"适者生存"不适用于人类社会。严复不同意这种观点，引用英国另一位学者斯宾塞的普通进化观反驳它。他认为：天演进化是一切事物发展不可避免的规律，不但适用于生物界，也适用人类社会。因此天演进化观念启示我们：帝国主义国家之所以敢于疯狂发动战争侵略中国，是因为国力强盛，而中国衰弱，因此会屡受欺压。中国衰弱的原因，很重要的一点就是，西方国家很注意从教育着手提高本国民族的文化素质，因而科学越来越发达，生产越来越兴旺。而中国却不然，长期闭关自守，妄自尊大，结果，人们长期处于愚昧、落后的状态，科学不发达，经济凋敝，政治腐败。这样的国家，受强国的欺辱是一点也不奇怪的。

《天演论》于1896年译成。严复说：达尔文的书，在欧美两洲，几乎家置一编，妇孺皆知，其学说最要有二，一曰物竞，一曰天择。此外，严复还把《天演论》译稿给梁启超等人看过。因此，《天演论》正式出版虽在1898年，但其物竞天择的理论在此以前早已在思想界传开。

《天演论》问世前后，正是中国近代史上很不平常的时期，甲午海战惨败，民族危机空前深重、维新运动持续高涨。这时候《天演论》出来了，物竞天择出来了，自然引起思想界强烈的震动。以文名世的同治进士吴汝纶看到《天演论》译稿后，赞不绝口，认为自中国翻译西书以来，无此宏制。这位五十几岁的老先生，激赏之余，竟亲笔细字，把《天演论》全文一字不漏地抄录下来，藏在枕中。梁启超读到《天演论》译稿，未待其出版，便已对之加以宣传，并根据其思想做文章了。向来目空一切的康有为，看了《天演论》译稿以后，也不得不承认从未见过如此之书，此书

"为中国西学第一者也"。青年鲁迅初读《天演论》，也爱不释手。一位头脑迂腐的本家长辈反对鲁迅看这种新书，鲁迅不理睬他，"仍然自己不觉得有什么不对，一有闲空，就照例地吃侉饼、花生米、辣椒，看《天演论》"。于此可见《天演论》深受当时社会的欢迎。

在《天演论》问世以后，"天演""物竞""天择""适者生存"等新名词很快充斥报纸刊物，成为最活跃的字眼。有的学校以《天演论》为教材，有的教师以"物竞""天择"为作文题目，有些青少年干脆以"竞存""适之"等作为自己的字号。

胡适回忆，当时他就在澄衷学堂读书，有一次，国文教员杨千里教班上学生买吴汝纶删节的严复译本《天演论》来做读本，这是胡适第一次读《天演论》，高兴得很。杨千里出的作文题目是"物竞天择，适者生存，试申其义"。这种题目自然不是十几岁小孩子能发挥的，但读《天演论》，做"物竞天择"的文章，恰恰反映了那个时代的风气。

《天演论》出版之后，不上几年，便风行到全国，竟做了中学生的读物了。读这书的人很少能了解赫胥黎在科学史和思想史上的贡献。他们能了解的只是那"优胜劣败"的公式在国际政治上的意义。在中国屡战屡败之后，在庚子、辛丑大耻辱之后，这个"优胜劣败"的公式确是一种当头棒喝，给了无数人一种绝大的刺激。几年之中，这种思想像野火一样，延烧着多少年轻人的心和血。"天演""物竞""淘汰""天择"等术语都渐渐成了报纸文章的熟语，渐渐成了一班爱国志士的口头禅。还有许多人爱用这种名词做自己或儿女的名字。据统计，自1898年以后，在短短的十多年中，《天演论》就发行过30多种不同的版本，这是当时任何其他西学书籍都不可比拟的。其之所以如此风行，除了它的思想足以警世这一主要原因以外，译笔古雅耐读，也是原因之一。

他山之石以攻玉

——严复

新潮思想

1900年，严复译完了《群己权界论》，还没来得及修改，义和团反抗外国侵略者的斗争就爆发了。最后几经周折，才使此书得以出版。

《群己权界论》是19世纪英国著名哲学家约翰·穆勒的一部名作。约翰·穆勒在政治上是一个激进派，在伦理学上是一个归纳逻辑的拥护者。严复在翻译《群己权界论》时，对他的另一部著作《名学》也产生了极其浓厚的兴趣，打算着手准备《名学》的翻译工作。避居上海闸北长康里后，生活上减少了干扰，思想上平静多了，有充裕的时间来阅读《名学》了。

《名学》，今天称逻辑学，逻辑学是研究思维规律的一门科学。严复以为介绍《名学》是向中国人介绍一种科学家的思想方法，他认为，中国人缺乏科学思维，什么程朱理学、陆王心学，全是闭门造车的主观产物，和实际情况完全脱节，不但束缚人的思想，而且使人变得无用，对社会有害无益。要想彻底地改造中国，仅靠引进西方的先进器物是不够的，引进制度也不是根本。根本在于改造中国人的思维方式，建立科学精神。他翻译逻辑学的目的就在于此。

他到上海不久，便开"名学会"，向群众讲解逻辑学。

没想到严复在上海讲解逻辑学的消息传开后，来听讲的人络绎不绝。听完之后，反应强烈。《中外日报》专门刊登了严复普及逻辑的消息，他的好友吴汝纶知道后，一颗时时惦念着他的心总算安定下了，立刻写信表示祝贺，为满足那些迫切要求了解逻辑知识的人的愿望，严复接受蒯光典的意见，着手翻译约翰·穆勒的《名学》。

1901年，《名学》尚未译完，南京的金粟斋就和他签订了出版《名学》的协定。与此同时，张冀请他北上到开平矿务局任职，张百熙又请他担任京师大学堂编译局总办，何去何从？严复经过冷静考虑，返回了天津，一面继续翻译《名学》，一面接受张冀的招聘，主持开平矿务局工作。他白天到开平矿务局工作，晚上在寓所挑灯翻译《名学》。同年9月，《名学》甲部交由金粟斋刻印完成，但是，最终《名学》甲部只出版了半部。

《名学》虽仅出版了半部，但它所包含的演绎法和归纳法，以及它们在逻辑推理中的用途等主要内容，却开始传入中国。

几年以后，严复总想把《名学》后半部也翻译出来，但由于年纪越来越大，结果还是力不从心，没有翻译出来。

但是，严复译的《名学》传播开后，越来越多的人渴望掌握一种科学的思想方法。尤其是年轻的一代知识分子，迫切希望尽快学到这种科学的思想方法。那是1908年9月4日，严复正聚精会神地代北洋大臣杨士骧写《筹办海军奏稿》，突然听见叩门声，原来是吕碧城女士来访。吕碧城是安徽旌德人。其父在天津创办北洋女子公学，并自任校长。吕碧城随父读书，接受了新文化，思想解放，热心于女子教育，曾起草《女子教育会章程》，还请严复为这个章程写过序言。所以，吕碧城访问严复，那就是很自然的事了。

吕碧城拜访严复是请他当面讲授逻辑，严复知其来意后，就满口答应。过了几天，他写完《筹办海军奏稿》又找出英国思想家耶芳斯的《名

他山之石以攻玉
——严复

学启蒙》（后改《名学浅说》）便一边翻译，一边向吕碧城讲授。他翻译《名学浅说》，主要是向吕碧城传授逻辑学的基本原理，同时引出一些事例。使初学者听课明白，懂得掌握科学思想方法。

9月13日，他带着《名学浅说》的部分译稿亲自到北洋女子公学为吕碧城讲授。他说：中国传统哲学中的一些基本概念，含糊不清，很不精确，像"气"这个字，人们不能作出明确的解释。于是把不知道的东西一律归之为"气"，于是各种不同的"气"就出现了。他又说：类似这样含混的概念，在中国古代的各种哲学书里，到处可见。就这样，经过近两个月的时间，他的《名学浅说》的初稿译完了，对形式逻辑的讲授也结束了。

吕碧城为了巩固所学的形式逻辑的基本理论，写信向严复请教，又希望他把《名学浅说》的翻译赶快定稿，供她参考，严复觉得她的议论斐然可观，十分赏识她。他立即回信，表示要争取在最短时间内把《名学浅说》的译稿定下来，借给她参考。到了12月初，吕碧城赴京，取走《名学浅说》的定稿，才结束了这段故事。

自从严复讲授逻辑，翻译《名学》以来，开启了中国知识界追求科学思想方法的新风气。王国维、章士钊等人，在他们的言论著作中，很注意逻辑的严密，就是受到严复提倡逻辑学的影响。

早在1895年，严复就有一个构想：发展生产，繁荣经济，必须有适合于发展经济的政治制度来保证。可是，要建立民主政治，靠自己写文章来宣传，不如引进外国著名人物的政治学说更有号召力，他把目标缩小到法国18世纪末期的进步思想家孟德斯鸠的身上。最后他下定决心翻译《法意》，为中国引进西方国家的民主政治思想。

《法意》的主要内容是说明国家的起源和法律的作用，但孟德斯鸠在叙述国家起源时，却把笔锋转向了封建专制制度下的政治体制。他说：封建专制制度下，统治者掌握着实权，随心所欲地压迫人民、剥削人民，而人民却没有一点自由。如何有效地削弱和抵制统治者滥施权力，那就必须把立法、行政、司法权分开。这就是孟德斯鸠提出的著名的"三权分立"学说。他还认为，仅仅是把立法、行政、司法分开，并不足以保证人民就会享有民主、自由的权利。要使人民获得真正的民主、自由权，很重要的是把立法权掌握在人民手里，实行议会制，人民推选自己的代表，参加议会，发表意见，制定法律，才算真正享有民主、自由的权利。

孟德斯鸠提出的"三权分立"学说，显然是和封建专制制度下由帝王一人掌握权力相对立的。因此，"三权分立"学说，不仅对当时的法国封建专制政体是一种批判，对世界上处于封建专制统治下的国家都有影响。严复在20世纪初把《法意》介绍到中国，正如他自己所说："孟德斯鸠在《法意》中所说的话，其中有许多说法是打中了中国政治体制的要害的。关心国家前途的学者们，应该研究这些道理啊！"所以，他翻译《法意》的目的仍然是批判封建专制政治。他在《法意》中所加的按语，对中国和外国政治的不同作了比较，对封建制度和封建帝王进行了尖锐的批判，他尖锐地指出了在封建专制统治下，所谓"法治"，形同虚设，根本不是利国为民的，而是为巩固统治者的利益服务。俗话说："衙门八字朝南开，有理无钱莫进来。"封建专制下的法制，就是这样黑暗。严复在《法意》的按语中所讲的问题，都接触到了民权。在封建专制统治下谈民主、自由，无疑是进步的。

严复引进的达尔文的进化论、亚当·斯密的古典经济学、穆勒的形式逻辑和法国启蒙学者孟德斯鸠的政治学思想，在当时的中国是非常先进的，起到了开启民智的作用。

他山之石以攻玉
——严复

兴办教育

从1898年以后，严复就集中精力从事翻译工作。但是他感到单单靠翻译、引进外国的新思想和新文化，要启开民智和振兴民族精神就受到了很大的限制，为了使大多数的人能够接受西方国家的新思想，从1902年以后，他就提倡兴办教育，实行"教育救国"。

严复开始提倡教育，是从1902年在《外交报》发表《与〈外交报〉主人论教育书》开始的。《外交报》是张元济1901年在上海创办的一个半月刊，其宗旨是报道外交事务方面的新闻，并刊登有关外事问题的论文。严复在第三期上看到一篇专论"文明排外"的文章后，很受启发，觉得它和自己提倡教育、普及文化、开通民智的主张十分相近。但文章比较空洞，没有具体的办法和措施。他在《与〈外交报〉主人论教育书》中指出：疗救愚昧的途径是兴办教育。兴办教育，必须有具体措施。

第一是编写教材，教材的内容，应以西方国家的科学知识为主。第二是培训和选拔教师，教材既是以西方的科学知识为主，那么，教师也必须培训和选拔这样的人来担任。

教师从哪里来？这也是兴办教育的重要问题。严复建议要土洋结合，两条腿走路。一条是各省设立建成师范，选派20岁左右的人速成师范，学习十分之七的西方知识和十分之三的中国文化知识。毕业后可任中小学教师。一条是选派30岁左右的有志者到英、法、德、俄等国学习。三年后学成归国，可胜任中学或大学教师。

照这样兴办教育，中国的教育就普及了，人才就培养出来了，人的聪明才智也就发挥出来了，中国也就振兴起来了。

严复提出教育救国的思想基础是：只有以西方的科学知识来武装头脑，才能改变人的精神面貌。他说："中国人民受封建思想文化的毒害，已经有几千年了，如果不以西方先进的文化思想来洗涤人们的心灵上的污泥浊水，不以西方的科学知识来武装人的头脑，人的精神面貌是无法改变的。"

有人说，严复主张教育救国，不是没有道理的，但用这种办法救国，未免缓慢些。俗话说："十年树木，百年树人。"所以，人们把他的这种思想叫作"渐变"。"渐变"不是严复的创造发明，它在理论上是受英国社会学家斯宾塞的影响，在实际经验上是受日本明治维新的影响。在辛亥革命前几年，教育救国是严复的主导思想。

1904年，严复在开平矿务局工作时的朋友张冀来访，请严复陪他到英国去打官司，张冀为了收回开平矿务局，要打赢官司，就必须请一个精通英语的人做翻译。严复答应做张冀的翻译和参谋，是出于友情。

1904年冬严复抵达英国伦敦，本想帮张冀打赢这场官司，可万万没想到，他逐渐了解实情后，感到张冀贪图个人私利，面目可憎，而对手英商也奸诈狡猾，令人气愤。因而他想一推了之，借此机会观光游览，并重味昔日的情感。但是，如今已成为一个著名的思想家和翻译家的他，在思想界享有盛誉，一时名声大噪。所以，他到伦敦不久，不仅伦敦的朋友奔走相告，准备约请他会面，孙中山也想趁严复在伦敦的机会，和这位思想家讨论救国救民的问题。

1905年春，孙中山如期到达伦敦，经过一番调查了解，终于得知严复的住址，便亲自前去拜访。过去二人虽然不相识，但彼此有所了解，因此

他山之石以攻玉
——严复

215

一见如故。他们一开始讨论就开门见山地紧紧围绕改革中国的问题，发表了各自的意见。孙中山作为来访者，首先说他近些年来的理想和工作。严复听完后，却认为现在中国民智未开，民品低劣，改革不能普遍全国，不能从根本上收到效果。他说："根据中国的国情，应该立即从兴办教育开始，在全国普及教育，提高全民族的文化素质，振奋民族的精神，社会的改革才有希望。"即主张以兴办教育来开通民智，拯救中华，和当时方兴未艾的资产阶级民主革命的洪流是抵触的。孙中山自然不赞同他的主张。

严复和孙中山的意见显然是针锋相对的。但孙中山很有涵养，也很有眼光。他觉得严复虽然不同意他的政治革命理想，可严复的主张也不是没有道理。因为社会的改革需要从兴办文化教育起步。但不进行政治革命，封建统治者是不会轻易退出历史舞台的。所以孙中山在和严复握手告别时，说了一句意味深长的话："君为思想家，鄙人乃执行家也。"严复和孙中山经过讨论，彼此在思想上就更明确了。孙中山坚决走政治革命的道路，严复坚决走兴办教育进行思想革命的道路。

严复回到上海不久，就听说马相伯正在筹办复旦公学（复旦大学前身），他自然积极支持，热心帮助，第二年，已是该校第一任校长的马相伯打算到日本游学，就恳请严复接替他的工作。严复本想推让，见他言辞恳切，就不再推辞。这样，他当了复旦公学的第二任校长。

在此期间，严复不仅尽心竭力地主持校务，而且还打算兴办女子学堂。他认为，如不兴办女学，把广大妇女从封建礼教的束缚上解放出来，也会影响振兴国家的重任。为此，他积极筹备建校事务。可是当有了一点眉目时，终因经费困难，无人支持，不得不罢手。

创办女子学堂的设想破灭后，他就集中精力想把复旦公学办出点成绩来。可是，安徽巡抚恩铭请他出任安庆高等师范学堂的校长。严复见推辞不得，只得到安庆高等师范学堂就职。

严复接任安庆高等师范学堂的校长后，便下了决心要整顿校风。时逢学堂进行期末复习考试。严复认为这正是整顿校风的好时机。他向全体教师宣布：此次大考，要严格执行。考试不及格的学生，一律退学。又特别规定：凡是不及格的考卷，一律汇总起来交到校长处，由他复查，再作处理。

严复就在办公室严格地复查不及格考卷。几天后，复查接近尾声了。他像平常一样查完一份考卷便顺手把它放到一边。可是这次他又重新拿起那份放在一边的考卷。细看之后，他发现这份考卷颇有新意。他认为不但不应给他评不及格，还应加以鼓励。他准备和那个学生面谈后，再决定他的成绩。

这个学生叫王恺銮，他的作文《张巡论》，在评论张巡的历史功过上，不受传统观念的拘束，既谈他的功绩，也指出他杀妾充饥的缺点。这就有了新意。这样有创造性的学生，应该得到培养和提拔。

王恺銮被叫到办公室，心里感到忐忑不安。但恭恭敬敬地站在一边，听候校长训话。不料严复却面带微笑，丝毫没有责备他的意思。

严复叫他谈一下自己是怎样构想《张巡论》的，他才明白严校长叫他来的用意。于是，他毫不犹豫、滔滔不绝地讲了起来："……张巡在历史上的功劳，自然不能抹杀，但杀妾充饥残忍暴虐，是一种野蛮行为，理应批评。"严复听完后，认为他一个17岁的青年，就能独立地思考后写出此文，不落俗套，很有见解，的确难得。

严复再次审阅了这篇文章，还改了几处病句，加上评语，将成绩由40分提到100分。最后，他与原阅卷老师取得一致意见，提笔改为90分。并奖给王恺銮10元钱作为奖学金。

谁知严复给王恺銮更改分数和发给奖学金一事，像一股和煦的春风，温暖了全体师生的心。人们赞不绝口，认为幸亏来了个"伯乐"，王恺銮

他山之石以攻玉
——严复

217

这个"千里马"才未被埋没。严复为自己发现这么一个出类拔萃的学生，也感到莫大的安慰。他甚至在给外甥女何纫兰的信中开玩笑让她嫁给王恺銮，流露出对人才的爱惜之情。

经过复查，经严复签名，被淘汰的学生有30余人。这一次整顿，震动了安庆全城。一时议论迭起，有人赞成，有人反对。于是一些地方官吏和士绅挑动被淘汰的学生闹事，在《南方》《神州》等报刊上发表文章，散布流言，丑化严复。严复本就胆小怕事，此时像被泼了一桶冷水，受到很大的打击。因此，他便辞职而去。

改良而非革命

辛亥革命爆发，民国成立后，严复担任了京师大学堂校长兼文科学长的职务。

袁世凯篡夺革命果实，指使手下人为他当皇帝摇旗呐喊，制造舆论，组织人力。1915年，袁政府的教育总长杨度，接受袁的旨意，组织一个宣传机构，写文章，来宣扬民主共和不适合中国国情，只有帝制才是适合国情的最理想的政治体制。杨度到处游说，拉拢当时的名流学者，组成团体，即所谓的"筹安会"。它的发起人是杨度、孙毓筠、刘师培、李燮和、胡瑛、严复等六人。杨度第一次登门拉拢严复，严复没有答应，只同意愿做一般会员，不做发起人。发起人与会员当然有差别，但在拥护封建帝制这一点上却没有什么不同。后来杨度故意把发起人和会员混为一谈，竟把严复列为发起人。

严复既同意组织筹安会，又愿意当会员，就是不肯做发起人，且托病不赴宴，这是有他的想法的。他在晚年，背弃了热情向往过的"西学"观念，认为"一线生机，存于复辟"。他认为中国应该恢复帝制，但袁世凯当皇帝则不妥，他对袁世凯的人品、学识、能力、气度等，非常了解，觉得袁缺乏"运用之才"，不配当皇帝。

可是，杨度等五人在严复缺席的情况下商讨起草了《筹安会宣言》，并签上名字，连夜送往报馆，准备8月14日见报。8月13日深夜，杨度派人告之严复，说请他做筹安发起人是袁世凯的意思，并已代他签了名。《宣言》第二天就见报，严复急得不知如何是好，赶快让人去请他的学生侯疑始。

严复对他说："杨度不经我的同意就代为签名，真是岂有此理。"侯疑始见他发怒，也觉得杨度欺人太甚，便建议他在报上登报声明，说明事情的真相，家里也劝他连夜离家外出避一下风头。但严复知道既然自己作筹安会的发起人是袁世凯的主意，如果登报声明或外出躲避，一旦被袁氏知道，将会后患无穷。

《筹安会宣言》见报的第二天凌晨，严复家门口就出现了两个全副武装的士兵，他被监禁起来了。严复受到如此不公正的待遇，急得像热锅上的蚂蚁，不知怎么办。等到心情稍微平静后，他便拿定主意。筹安会几次请他开展活动，他都以哮喘病复发为由婉言谢绝了邀请。

后来，蔡锷讨伐袁世凯。梁启超成了蔡锷的笔杆子，从理论上反驳帝制适合中国的国情说。为了消除梁启超的影响，袁世凯又想让严复来执笔反驳。因此他命夏寿田拿四万元银标引诱严复从命。严复拒收贿赂，并以自己哮喘病发作、力不从心为由婉言谢绝了。

严复在思想上虽然反对民主共和，支持君主专制，但在袁世凯搞复辟

他山之石以攻玉
——严复

219

专制政体的过程中，除了受杨度的拉拢蒙骗，被迫在《筹安会宣言》上挂名外，再无其他的不正行为。

严复不主张激进的革命，对传统抱有敬意，在打倒孔家店的呼声中，他主张尊孔。1913年，严复、梁启超等人发起成立孔教会，他们的目的在于宣传复古思想，所以对新文化运动必然持反对态度。新文化运动代表革新的力量，而林纾等一批具有复古思想的人，却竭力反对。严复虽然没有像林纾那样赤膊上阵，公开和新文化运动对抗，可他却表示出对新文化运动的不满。他在给熊纯如的信中说："由文言改为白话，大概就像戏曲中的皮簧脚本，没有什么了不起，也成功不了。"他又说："在变革的时代，优胜劣汰。陈独秀、钱玄同、胡适是无法扭转这个进化规律的。"他的意思很清楚，那就是：文言一定胜利，白话一定淘汰。但历史没有按照严复的思想发展，白话文运动搞得如火如荼，终于取得了胜利。

严复反对白话文，对五四运动也不赞成，说什么"自古学生干预国政……皆无良好结果"。

严复固然较为保守，但他也有他的道理。那些主张共和、反抗君宪的人未必就是进步的，很多人不过是打着共和的幌子争权夺利罢了。而新文化运动有些地方也实在过火，比如钱玄同主张废除汉字，实行拼音化，在现在看来是过于激进了，我们的传统就那么可憎，必须除之而后快吗？

严复不够激进，是因为他看到剧烈的变革动荡带来的并不都是积极后果，而是扰乱了社会发展演变的中国传统文化秩序，超越了社会的实际承受力，"不知其种祸无穷"，遂引发了此后一连串本不该发生的那些重大政治变故。"名为义首，实祸天下。嗟乎！"

1920年严复回家乡养病，过着"坐卧小楼，看云听雨"，心如"槁木死灰"的生活。1921年10月22日逝世于福州，时年68岁。

著论求为百世师

——梁启超

梁启超（1873—1929年），近代思想家、文学家、学者。字卓如，一字任甫，号任公、饮冰子，别署饮冰室主人，广东新会人。幼年时从师学习，"八岁学为文，九岁能缀千言"（《三十自述》），17岁中举。后从师于康有为，成为资产阶级改良运动的宣传家。戊戌变法前，与康有为一起联合各省举人发动"公车上书"运动，此后先后领导北京和上海的强学会，又与黄遵宪一起办《时务报》，任长沙时务学堂的主讲，并著《变法通议》为变法做宣传。戊戌变法失败后，与康有为一起流亡日本。

梁启超是近代文学革命运动的理论倡导者。被公认为是中国历史上一位百科全书式的人物，而且是一位能在退出政治舞台后仍能在学术研究上取得巨大成就的少有人物。辛亥革命前，他在与革命派的论战中发明了一种新文体，介乎于古文和白话文之间，使得士子们和普通百姓都乐于接受。同时，梁启超还是中国第一个在文章中用到"中华民族"一词的人，他还从日文汉字中吸收了很多新词，像现在我们常常挂在嘴边的"政治、经济、科技、组织，干部"等很多词汇，皆始于梁启超先生。

风云变幻的时代

美丽的珠江三角洲，河渠网布，碧波长流。梁启超的家乡就坐落在这个风景秀丽的南国水乡——广东省新会县的茶坑村。

新会县位于珠江三角洲的南端，距花城广州100多千米。由新会渡江向东，不到50千米，是香山县。县里有一个风光旖旎的翠亨村，是比梁启超大7岁的伟大的中国资产阶级民主革命的先行者孙中山诞生的地方。由新会渡江向北约50千米，是南海县，那里的银圹乡苏村，是中国近代资产阶级改良派的主要代表、后来成为梁启超师傅的康有为的故乡。

梁启超比康有为小15岁，梁出生时，康已是饱读诗书的少年了。如果由南海县越广州渡珠江向北约25千米，就到了广东花县，这里是中国近代最著名的太平天国运动杰出领袖洪秀全的故乡。梁启超降生的时候，太平天国运动已被中外反动势力联合镇压，洪秀全已壮烈殉难九周年了。离茶坑村仅几十千米的香山县南屏村，是留学美国的贫家子弟容闳的故乡，他在梁启超出生的前一年率詹天佑等幼童往美国留学。

梁启超生于同治十二年，即1873年，这年是癸酉年。"祺祥政变"之后开始的同治时期，虽然被封建史学家吹捧为"同治中兴"，却是清王朝统治最为腐烂的时期。梁启超在而立之年曾以一个历史学家的眼光，环顾他所生的那个年代，说道："余生同治癸酉正月二十六日，实太平天国亡于金陵后十年，清大学士曾国藩卒后一年，普法战争后三年。"没有被其提及的还有33年前众所周知的第一次鸦片战争和13年前圆明园的熊熊烈火。梁启超就是在这样的历史大背景下开始他的生活和斗争的航程。梁启超出生的时候，太平天国运动已经失败了整整九年了，洋务新政和早期创办民族资本主义企业的浪潮又在席卷南国的这片土地。故乡的山水养育了这位日后的斗士和学者，在他身上打下了深深的烙印。

茶坑村是一个拥有100多户人家，5000余人的村庄，依山傍水，村民多以耕种捕鱼为业。民风朴实，乡民具有顽强的生活能力，善于应付各种突然事变，勤劳俭朴，务新、求实、自治，崇尚封建伦理，向往升官发财。当时的茶坑村实行一种带有自治色彩的乡绅保甲制度，其最高权力机关是耆老会，并设有自己的地方武装——乡团。耆老会管理村里的经济、治安，处理民事纠纷，组织公益事业。梁启超的祖父和父亲都先后做过耆老会的主持。

梁氏家族虽然已经开始富起来，但在整个地主阶级中，还属于"富而不贵"的小地主之流。他们家族中，还没有人通过科举的阶梯跻身于上层封建统治者之列。对此，梁启超的祖父梁维清深以为憾。他决心改变这种局面，自己苦读诗书，以期实现梦寐以求的为官梦。其夫人黎氏，系广东提督黎第光之女，对改变梁氏门庭也很卖力。然而不尽如人意的是奋斗多年的梁维清也只中了个秀才，挂名府学生员，在仕途上也不过做到教谕，即管理一县文教事业的小官。在清代九品之制的官阶中，不过是个地位卑微的八品官。梁维清发奋读书的成绩虽然不过如此，但在茶坑村那样的小乡村，梁维清却已经算一个大人物了。他自鸣得意，总算给梁氏家族开辟了通往官场的道路。凭借教谕的头衔和身份，梁维清购买图书，采买了十几亩好地，并满怀信心地让儿子梁宝瑛在他已经开拓的道路上继续奋斗。梁宝瑛是梁维清的第三个儿子，即梁启超的父亲。梁维清对梁宝瑛要求极

著论求为百世师
——梁启超

223

严，千方百计地让他刻苦攻读，希望他能博取功名，光宗耀祖。不过令人遗憾的是梁启超的这位父亲大人不但未能在其父达到的高度上更上层楼，而且苦读一生，连续应试，从少年童子到两鬓染霜，竟连半个秀才也没有捞到。最后只落到一个教书先生，出入茶坑村的私塾之中。

但梁宝瑛一生勤奋，事事处处按儒家的伦理道德严格要求自己，以地主文人的标准评论是非得失，严守其父开创的家风，为后代能跻身官场费尽心血。梁宝瑛的为人使他在茶坑村有一定威信，曾经掌握着老会30多年，为乡邻做过一些益事，为乡亲所拥戴。

梁启超的母亲赵氏，出身书香门第，粗知诗文，勤劳干练，贤淑聪慧，以"贤孝"闻名乡里，属于典型的中国封建文化陶冶下的贤妻良母。母亲的敦厚朴实、温柔忍让的品德对梁启超的一生产生过深远的影响。

从四五岁起，梁启超就开始由祖父和母亲教读《四书》和《诗经》。梁启超的祖父不仅学问很好，而且还极富有爱国心。梁启超四五岁时，正是19世纪70年代末，边疆危机成了中国民族危亡的重要变种。梁启超经常从祖父那里听到许多豪杰之士爱国救国的感人故事。6岁时，梁启超开始跟随父亲学习中国史略，比较系统地接受了中国历史知识的教育。因为忙于科考，父亲又另外为梁启超请了一位老师在家教读。这位启蒙老师名叫张乙星，是祖父妹妹的儿子，算起来还是表叔辈呢。私塾设在祖父的小书斋中，梁启超每天晚上都住在祖父的屋中，祖父对他要求也是极为严格的。

梁启超勤奋好学，加上天资聪颖，在少时就表现出了不同常人的聪明之处。据说在新会故老的口中，有这样一则故事：有一天，有个人来拜访梁宝瑛，梁启超端茶招待客人。客人早就听闻梁家的这个长子聪慧过人，于是便想考考他，就出了一句"饮茶龙上水"命他作对。没想到梁启超不假思索，应声答道"写字狗扒田"。客人不甘心，接着又出了一句"东篱客采陶潜菊"命他对，他又随口答以"南国人怀召伯棠"，令客人大为吃惊，不得不佩服他的机警与聪明。

1882年，梁启超刚满9岁，他的祖父和父亲就决定让他到广州去考秀才。这次应试，梁启超虽然没有考中，但他从偏远乡村走向了繁华的广州大都市，见了世面，增长了知识，也结交了一些朋友。回乡后，他更加发奋攻读，并反复参阅从广州买来的一些新书，其中张之洞的《书目答问》对他影响极大，使他眼界开阔了不少。1884年冬，11岁的梁启超第二次到广州应试，中了秀才，补博士弟子员。11岁的童子中秀才，这在中国科举史上都是不多见的。广东省主考学政使叶大焯特地接见了梁启超等几位年纪较小的秀才，并"试以文艺"，梁启超的对答条理清楚，极少差错，令叶大焯惊叹不已。而叶也对这位风华正茂的年轻学士表示了特别的垂青。

1885年，梁启超以秀才的资格进入当时广州著名的学海堂读书。学海堂为当时广东的最高学府，是由前两广总督、颇有文名的阮元设立的。和学海堂并立的还有粤坡精舍、粤秀书院、粤华书院、广雅书院，号称广东五大书院。各书院都有各自不同的风格，但皆以汉学为主要教学内容。1888年，梁启超取得了学海堂正班生的资格，同时又成为粤坡、粤秀、粤华等书院的院外生。当时这些高等学院，流行乾嘉以来以考据为中心的汉学，讲授辞章训诂、典章制度等方面的学问，进行着考据、辨伪、辑佚、补正的训练，同时也注重文字学的基本训练，对于成为当时士子们进身之阶的八股文却反而不太重视。这些学问虽然较为枯燥，但是一种较实用的真本领。梁启超从学的先生吕拔湖、陈梅坪、石星巢等都颇有汉学根基，对梁启超影响较大。近五年的学习生活使梁启超有机会接触各种学术流派和广泛地涉猎古经典籍，打下了较坚实的汉学基础。梁启超学习极其勤

著论求为百世师
——梁启超

奋，兴趣广泛，对知识如饥似渴，是学海堂出类拔萃的高才生。曾经得到"四秀大考皆第一"的好成绩。

光绪十六年（1890年），18岁的梁启超第一次入京参加会试。他没有考中，不久，便与父亲一起经上海南归了。这年八月，梁启超结识了康有为，从此改变了他的一生。康有为，一名祖诒，字广厦，号长素，广东南海人，出身于官僚地主家庭。康有为在北京、上海、香港等地之行后，目睹了清政府的腐败统治所引起的社会危机和帝国主义侵略所引起的民族危亡，思想发生了极大的变化，他决心抛弃乾嘉之学，以今文经学为武器，探索救国救民的道路。

光绪十六年，康有为从安徽会馆又移居广州云衢书屋，重操讲学旧业，进行维新变法的宣传活动。这年三月，陈千秋前往谒见，六月便投其门下学习。陈千秋向梁启超讲述了师从康有为的相关情况，梁启超遂去拜访康有为，从此便投入康门。

梁启超师从康有为，在万木草堂学习了整整四年。这四年，是他一生中非常重要的时期。康有为的授课大体以今文经学为纲，以西学为纬，掺杂佛学等思想资料，抨击现实，鼓吹社会改良。康有为最先让学生读的书是《公羊传》和《春秋繁露》。除读古书外，他还让学生读一些西洋书，如江南制造局关于声光电化的著作，西方史地律例及中国人写的游记、参观欧美的日记和一些介绍西方的杂志，这些使梁启超开始对西方有了初步的了解。

在万木草堂，梁启超如饥似渴地学习，逐步形成了自己的学习方法。他读书十分刻苦，听康有为讲课，总是全神贯注，勤思考，很少走神，可以一直坚持好几个小时。他还养成了记笔记的好习惯，通过写读书笔记来巩固知识，融会贯通，发挥自己的见解。同时，梁启超在学习上还很注重书本知识和实践的有机结合，有意识地用实践来检验书本知识，用读书来指导实践。在万木草堂求学期间，梁启超曾经一度往佛山教书，借机大量传播康有为的政治学术观点。1893年，梁启超还前往东莞县讲学，所论皆康先生之"古怪之说"，极大地震撼了当时的一批青年。勤奋刻苦的学习和善于学以致用，使梁启超的学问和能力迅速地增长起来，成为万木草堂出类拔萃的优秀学生，受到康有为的赏识。康有为著《新学伪经考》，梁启超受命做校勘工作；编《孔子改制考》，梁启超分担部分写作任务。这些工作，更好地提高了梁启超写作和思考的能力，增长了才干。

梁启超也和康有为一样，其求学是抱有一种强烈的社会责任心和救国救民的历史使命感，他是为了解决中国的现实问题而去研究学问的。面对中华大地的客观现实，康先生慷慨激昂地宣讲自己的改革救国的主张，梁启超深受感染。四年的康门学习，使梁启超学到了远远超过八股老调和辞章训诂的经世致用之学，思想发生急骤的飞跃，使他从一个普通的封建士子变成一个探索祖国命运的资产阶级改良主义者，一个激情满怀的爱国者和改革志士。

叱咤政坛的才子

著论求为百世师
——梁启超

1895年春天，中日战争使北洋水师全军覆没，4月中旬，李鸿章签订中华民族奇耻大辱的《马关条约》的消息传到北京，当时参加会试的举人们立即沸腾了，决心抗争。康有为即刻要梁启超串联鼓动各省举人上书。梁启超四处活动。4月22日，以康、梁为首的广东、湖南两省举人首先联名上书，要求拒签对日和约，同时还鼓动朝官出面。5月1日，康、梁邀集18省120多名举人在松筠庵集会。康有为在会上发表了慷慨激昂的演讲，大家一致通过了康有为上书朝廷的建议，并公推他为奏议起草人。康有为奋笔疾书，向清政府提出了"拒和""迁都""变法"的三项建议。这就是震动朝野上下、名垂史册的"公车上书"。这次运动，声势浩大，开创了中国历史上知识分子集体上书，抗议政府的新格局，第一次显示了维新派在舆论上的力量，引起社会各方面的重视，获得了广泛的同情。"公车上书"的历史意义是深远的，它唤醒了中国数千年未醒的大梦，是一代青年人爱国、求变革、奋发向上的思想的反映。上书的各省举人回乡后，对各地民智的启迪也发挥了很大的作用。

康、梁经过公车上书，都认识到要发动维新变法，必须有一个组织，即他们的"合群"。要建立组织，必须从制造舆论开始。1895年8月，正式创立宣传维新变法的刊物《万国公报》，附《京报》发行，每天送千余份给各王公大臣，不收报费。这一做法是梁启超的"欲开民智，先开官智"的维新思想的具体体现。《万国公报》除介绍西方资本主义国家的政治、经济、文化、史地、风情和转录一些消息外，主要宣传富国强兵之道，极力鼓吹维新变法，以期获得社会各界的同情和支持。

1896年3月，梁启超应康有为之召到上海办报。与黄遵宪、汪康年等利用强学会余款作资金，创办《时务报》。8月正式创刊，汪康年任总经理，梁启超任主笔。在他们周围团结了一大批维新志士或同情维新派的名流学士作为撰稿人。《时务报》宗旨是开民智，求自强，尤其注重中外时事的介绍。《时务报》内容新颖，反映民众呼声，敢于抨击时政，一时成为风靡全国的报刊。梁启超利用这一报纸作为维新派的喉舌，较全面地宣传自己的变法思想和改革措施，一时间梁启超名声噪起。

此时的梁启超刚二十三四岁，精力旺盛，才华横溢，再加上他敢说敢写，符合当时人们的心声，在许多比较清醒的知识分子中引起了深刻的共鸣、巨大的反响。梁启超的文章具有敏锐的洞察力、深刻的见解和优美精彩的文字，自然能吸引广大的读者。梁启超日夜辛劳地为办好《时务报》而工作，亲自撰文、编排、校对。随着《时务报》的广泛发行，梁启超也名声大噪，"通邑大都，下至僻壤穷陬，无不知有新会梁氏者"。据传1897年年初，梁启超往武昌拜谒张之洞，当时的张之洞为坐镇一方、手握重权之封疆大吏，在整个清廷官僚中也是颇有实力和影响的大人物。但一听梁启超求见，极为高兴，破例开武昌城中门来迎接，还问属下能否鸣礼炮，当属下告之梁为一小小举人，按理只有迎接钦差和督抚时才可开中门并鸣炮，张之洞只得作罢，以厚礼迎梁入城。梁启超拜见张之洞那天，恰逢张的侄儿娶媳妇，贺客盈门。但张之洞丢下宾客，与梁启超彻夜长谈，张诚心邀梁出任两湖时务院长，月薪一千二百金，被梁婉言推却。

1894—1895年中日甲午战争，以腐败无能的清政府失败而告终，随之是一系列丧权辱国的不平等条约的签订。面对空前严重的民族危机和迫在眉睫的亡国之祸，1898年1月，康有为上第五封与皇帝书，以血泪交织的文字描述了民族危机和国内尖锐的阶级矛盾，提出"不变法国将亡"的警告。梁启超也上书清廷，要求对俄采取强硬态度，索回其侵占的旅顺、大连。面对亡国灭种的严酷现实，此时的梁启超、康有为已将生死置之度外，为促使清政府变法，他们已不惜牺牲一切。

1895年7月，光绪发布上谕，举办实业，不久又令广办学堂，培植人才，还命各地广泛地推荐人才。光绪积极变法的态度，极大地鼓舞了康梁等维新派。1898年6月11日，光绪皇帝"定国是诏"，宣布变法，"百日维新"正式开始了。新政颁布后不久，翰林院侍读学士徐致靖上奏，保举康有为、梁启超等人参与维新变法。7月3日，光绪召见梁启超，当天即被清廷赏给六品衔，办理译书局事务。其实，从光绪开始策划维新变法起，以慈禧太后为核心的守旧派就坚决反对，他们视维新派为大逆不道。1898年6月15日，即光绪下诏变法后的第四天，慈禧太后为了阻挠光绪，胁迫光绪革去军机大臣、户部尚书翁同龢之职，其用心是极其狠毒的。9月21日凌晨，光绪帝被慈禧囚禁到中南海瀛台。随后第三次宣布垂帘听政，派兵大肆捕杀维新党人。9月23日，为了救光绪，梁启超和谭嗣同商议请求日、英、美等国公使出面，通过外交途径解决困难，但都没有成功。政变发生后，梁启超逃到日本使馆，心情极度紧张。当时的北京街头，到处是追捕维新党的军警。9月22日晚，梁启超剪掉辫子，穿上西服，进行了一番巧妙的化装，在日本友人的护送下，逃到了日本驻天津领事馆。在历经万般阻挠和艰险后，梁启超成功逃到日本避难。

任公的三段情事

1889年（清光绪十五年），梁启超17岁。在当时广东的最高学府学海堂苦读四年后，他参加了这一年的广东乡试，秋闱折桂，榜列八名，成了举人。主考官李端，爱其年少才高，将堂妹李惠仙许配与他，惠仙比启超长四岁。两年后，二人完婚。

次年夏天，梁启超偕同夫人李氏南归故里。梁家世代务农，家境并不宽裕，新婚不久的夫妇只好借用梁姓公有的书室的一个小房间权作新居。广东的气候溽热难当，这使久居北方的李惠仙很不适应，这位生于官宦之家，从北京来的大小姐，并没有嫌弃梁家的贫寒，她看中的是夫君的才华。梁启超的生母赵太夫人早已仙逝，继母只比李惠仙大两岁，李惠仙仍极尽孝道，日夜操劳侍奉，深得梁家喜爱，在乡里也博得了贤妻良母的美名。

"百日维新"失败后，慈禧命令两广总督捉拿梁启超的家人，梁家避居澳门，逃过了一场灭门之灾。梁启超只身亡命日本，开始了长达十多年的流亡生涯。李惠仙成了整个梁家的支柱。在几个月内，梁启超给她写了六七封家书，高度赞扬她在清兵抄家时的镇静表现，鼓励她坚强地活下去，并告诉她读书之法、解闷之言，万种浓情凝于笔端。

梁启超与李惠仙一向敬爱有加，做了一辈子夫妻，只吵了一回架，梁启超却为此悔恨终生。在李惠仙弥留之际，他对大女儿梁思顺剖白了自己的愧疚心情："顺儿啊，我总觉得你妈妈的那个怪病，是我们打那一回架打出来的，我实在哀痛至极！悔恨至极！我怕伤你们的心，始终不忍说，现在忍不住了，说出来像把自己罪过减轻一点。"

1924年9月13日，李惠仙因不治之症溘然而逝。梁启超写下了一篇情文并茂的《祭梁夫人文》。文曰：

> 我德有阙，君实匡之；我生多难，君扶将之；我有疑事，君榷君商；我有赏心，君写君藏；我有幽忧，君噢使康；我劳于外，君煦使忘；我唱君和，我揄君扬。今我失君，只影彷徨。

除了爱妻李惠仙，梁启超另有一个红颜知己。

1899年年底，梁启超应康有为之请，赴美国檀香山办理保皇会事宜。一日，檀香山一位加入保皇组织的侨商设家宴招待梁启超，引来了一段刻骨铭心的感情纠葛。

梁启超进入何家大院，出迎的除主人外还有一年轻女子。她是侨商的女儿，叫何蕙珍，芳龄20岁，从小接受西方教育，16岁便任学校教师，于今已有四年，英文极好，因今天有西洋人参加宴会，由她做梁启超的翻译。宾主落座，何蕙珍便挨着梁启超坐下，不时有一股淡香飘入梁启超的心腑。多年来，除了妻子李氏外，他还没有与一个女子这样接近过。席间，何小姐颇为活跃，她广博的学识，不凡的谈吐，尤其是她对梁启超著述的熟稔，使在座者大感意外。整个宴会仿佛成了何小姐与梁启超的对语，而他们两人，也如相知多年的忘年交一般。

席将罢，何小姐又将她在报上替梁启超辩护的文章原稿拿来给他看，并说："这是我代先生笔战起草的英文中译稿，请先生惠存并予指教。"接过何小姐的手稿，梁启超吃了一惊，他多日的疑惑顿时冰释。原来，梁启超刚到檀香山时，到处奔走演说。清廷驻檀领事馆买通了一家当地的英文报纸，不断写文章攻击梁启超。梁启超心中不服，苦于不懂英文，不能回击，只好置之不理。不料此后不久，竟出现一桩怪事，另一家英文报纸上连载为梁启超辩护的文章，文字清丽，论说精辟。显然，作者对梁启超的经历和著述了如指掌，但文章未署作者姓名。今日真相终于大白，原来那些为自己辩护的文章，竟都出自眼前这位华侨小姐之手。

临别时，何蕙珍含情脉脉言道："我十分敬爱梁先生，今生或不能相遇，愿期诸来生，但得先生赐一小像，即遂心愿。"

数日后梁启超践约将照片赠与何小姐，何小姐亦投桃报李，回赠亲手织绣的两把精美小扇。梁此时已坠入情网，几近痴迷。

不久，一位好友前来拜访梁启超，婉劝梁娶一懂英文的女子做夫人，说这样会给他的事业带来极大的帮助。梁启超沉思片刻，随即言道："我知道你说的是谁。我敬她爱她，也特别思念她，但是梁某已有妻子，昔时我曾与谭嗣同君创办'一夫一妻世界会'，我不能自食其言；再说我一颗头颅早已被清廷悬以十万之赏，连妻子都聚少散多，怎么能再去连累人家一个好女子呢？"

他在理智上克制了自己，但内心深处的感情却不能自欺。这期间，他陆续写了24首情诗，以记叙对何蕙珍的赞美、思念和无奈之情，把对何蕙珍的深深爱慕融入诗篇之中，其中有一首这样吟道：

> 颇愧年来负盛名，天涯到处有逢迎；
> 识荆说项寻常事，第一知己总让卿。

后来，在梁启超任民国司法总长时，何蕙珍女士又从檀岛来北京，欲与之结秦晋之好。但梁启超只在总长的客厅里招待何蕙珍，她只好怏怏而返。李夫人病逝后，何女士也从檀岛赶来，但梁启超仍然婉辞。梁启超的这一做法，对何蕙珍来说似乎有点薄情，以致何蕙珍的表姐夫、《京报》编辑梁秋水也责备梁启超"连一顿饭也不留她吃"。

梁启超对婚姻家庭的看重，是一贯的，对己如此，对人也如此。他对徐志摩婚变的态度即可证明这一点。徐志摩与妻子张幼仪离婚，与有夫之妇陆小曼恋爱，他极力反对。后出于无奈，梁启超还是做了徐志摩与陆小曼的证婚人（因为徐的父母也反对儿子与陆小曼结婚，提出，除非请到梁任公为证婚人，才许结婚），但在证婚词上，梁启超还是不留情面地把徐志摩和陆小曼狠狠训责了一番。

李惠仙与梁启超结婚时，还带来了两名丫鬟，一个叫阿好，一个叫王来喜，王来喜即王桂荃。阿好脾性不好，又不听使唤，不久便被梁家赶出了家门。而王桂荃则聪明勤快，深得梁氏夫妇的喜欢，家中事务甚至财政都由她掌管。1903年她成为梁启超的侧室。

对王夫人，梁启超虽不像对结发夫人李惠仙那样恩爱有加，但也是尊重的。对于这桩婚事，大概是考虑到有悖一夫一妻制的主张，梁启超从不张扬，尽量讳避。他在信中提到王夫人时，多称"王姑娘""三姨"或称"来喜"。只是在1924年，李惠仙病重，王桂荃又怀上小儿子思礼，适值临产时，梁启超在写给好友蹇季常的信中，首用"小妾"之称。但是，几乎是所有的梁启超的孩子，对王桂荃的感情都非常深，他们管李惠仙叫妈，管王桂荃叫娘。

梁思成后来回忆他小时候的一件事时说，有一次他考试成绩不好，李惠仙气急了，用鸡毛掸子捆上铁丝抽他。王桂荃吓坏了，她一把把梁思成搂到怀里，用身子护着他。当时李惠仙还在火头上，收不住手，鸡毛掸子一下下地抽在了王桂荃的身上。事情过后，王桂荃拉住梁思成，用很温和、很朴素的话教育他，让他好好读书。

在复杂的政治激流中，梁启超的思想经历了巨大的转变，他头脑中描绘的政治蓝图也由君主立宪制完全转变为民主共和制。1915年袁世凯复辟后，他又站出来反对帝制。梁启超始终追随着时代的步伐，肩负起天下兴亡的重任。而使他始终无后顾之忧的，则是在他背后默默支持他的两位夫人。在李惠仙、梁启超去世后，留给了王桂荃九个孩子。在这之后的岁月里，王桂荃一人照顾全家上下，梁家的孩子们，从王桂荃的身上学到了更多的勤奋。

1968年，85岁的王桂荃，在文化大革命中与孩子们四散分离，最后在一间阴暗的小屋中与世长辞。

梁家的子女们，在香山梁启超与李惠仙的合葬墓旁种下了一棵母亲树，立碑纪念这位培育了数名栋梁之才的平凡母亲。

教子有方启后人

梁启超十分注重对子女的言传身教，不仅悉心培养出了三个院士，还缔造出满门才俊的传奇。

梁启超的九个子女依次为：思顺、思成、思永、思忠、思庄、思达、思懿、思宁、思礼。他们中有七人曾到国外求学或工作，学成归来后相继成为著名的学者或专家。

其中梁思成从事古建筑研究和教学工作，是我国建筑教育的奠基人之一，为中华人民共和国国徽和人民英雄纪念碑的设计立下汗马功劳；梁思永为中国考古事业的发展和考古人才的培养作出了巨大贡献；他俩都当选为第一届中国科学院院士；梁思礼先后领导和参加了多种导弹和运载火箭的控制系统研制试验，1987年当选为国际宇航科学院院士。

孩子们年幼时，梁启超经常让他们围坐在小圆桌旁，他就像说书人一样，一边与孩子们声情并茂地聊天说话，一边绘声绘色地讲古论今，讲的都是古今中外历史上爱国英雄的故事。他通过与孩子们面对面的谈话，传递他对孩子们的情爱，也和他们热烈地讨论国家大事、人生哲学以及治学的态度和做学问的方法。针对孩子们如何读好书，梁启超曾经总结过一个"三步"读书法，即鸟瞰、解剖、会通。鸟瞰就是粗略了解大概，明确重点；解剖是将各部分仔细钻研，重要处细解剖，疑难处细研究，有所得则记忆之；会通指上下左右贯通，将全书彻底了解而后已。梁启超认为教子之道要贯穿"严"和"爱"两个字。"严"出于理智，"爱"则出于情感，二者缺一不可。在学习和做人方面要"严"字当头，在生活上要以"爱"相扶。

有一次，年幼的梁思永和一位小朋友互不相让，随后就扭打起来。虽然是那位小朋友的过错，但梁启超仍严厉地批评了思永，并提出三个问题让思永反思：一是有没有必要打架？二是怎样与对方和好如初？三是再碰上这类事应该怎么处理？在思永给出了满意回答后，梁启超才让思永吃午饭。之后，梁启超还亲自带着思永前往对方家中向小朋友道歉。

梁启超感情丰富，对子女更是"舐犊情深"。梁启超20岁时，大女儿出生，他对女儿充满了无限疼爱。后来，即使相隔千里万里，父女间也是书信往来不断。梁启超给长女的信多达几百封，每一封信中都有"宝贝思顺""我的宝贝"这样的昵称，即便是死神降临，他也不忘倾诉对女儿的思念之情。

在教子生涯中，梁启超极为推崇趣味教育。他说："凡人必常常生活于趣味之中，生活才有乐趣，才有价值。若哭丧着脸度过几十年时光，那么生命便成为沙漠，这样的活法有什么用？"他十分注重孩子们的个性，非常尊重他们的意愿，用心细致地掌握每一个孩子的特点，因材施教，做到一把钥匙开一把锁，并鼓励孩子："一旦对某一方面感兴趣，那么，你会觉得像换了个新生命，如朝霞飞虹，如新荷吐绿……"

梁启超强调学习要劳逸结合，"多做游戏多运动"。长子思成在清华大学读书时，各科成绩十分优秀，业余爱好极其广泛，是清华大学铜管乐队的队长，还在全校运动会上获得过跳高第一名的佳绩。孩子们在学业上遇到困难时，梁启超总是告诉他们"莫问收获，但求耕耘"。得知思庄在国外英文成绩不理想，梁启超极力安慰："不要紧的，千万不要灰心丧气，要鼓足勇气求得真知。"他还说，"庄庄成绩还是很不错的，你能在37人中考到第16名，也很了不起的，我很满足。不要着急，只需再努力努力就会好的。"

梁启超还时常劝孩子学些常识性的东西，特别是文学或人文科学，他说："如果对一门太专，容易把多彩的生活弄得过于平淡。生活太单调了，易产生厌倦心理，厌倦即成苦恼之事，这是厌学的根。"为了尽快提高孩子们的国学、史学知识，梁启超聘请他在清华大学国学研究院的学生谢国桢做家庭教师，在家中手把手地对他们进行辅导。课程从《论语》《左传》开始，至《古文观止》，一些名家的名作和唐诗宋词，由老师选定重点诵读，并且还要背。孩子们每周写一篇短文，文章用小楷毛笔抄写工整。史学方面，从古代至清末，由老师重点讲解学习。经过一年多的刻苦学习，几个孩子的国学、史学水平有了很大的提高，理论研究日益精进。

梁启超既是家长、父亲，更是儿女们的朋友和导师。他的人文取向也潜移默化地影响着子女："我平生对于自己所做的事，都能品出味道。什么悲观、厌世，从来没有在我的词典里出现过。"

民国初年，梁家虽已进入上层社会，但不曾改往日的寒士家风。梁启超对孩子们的要求始终是好学、坚韧、勤俭。

著论求为百世师
——梁启超